Gestão Educacional

Aspectos Legais

1ª Edição (ano 2017)

Editora FATEC

Marcos Palácio

Graduado em Administração de Empresas pela Associação de Ensino Marechal Cândido Rondon, Bacharel em Direito, Bacharel em Psicanálise Clínica, Licenciado em Pedagogia e Geografia, Pós-graduado em Desenvolvimento Gerencial pelo IMBRAPE, Pós-graduado em Administração Contábil e Controladoria, Mestre em Engenharia de Produção pela Universidade Metodista de Piracicaba - UNIMEP, Mestre em Psicanálise Clínica, Doutor em Psicanálise Clínica. (PI) Pesquisador Institucional junto ao MEC – Ministério da Educação e Cultura, Reitor da Florida Assembly of God University – Orlando, FL – USA, Diretor da Contacto Assessoria Contábil e Administrativa S/C Ltda, Reitor da FATEC - Faculdade de Teologia e Ciências, professor de Pós-graduação no Centro Universitário SENAC, FIU, FIRB e Unijales, Conselheiro do Serviço Nacional de Aprendizagem Industrial - FIESP e representante do Conselho Regional de Administração de São Paulo - CRA/SP. Tem experiência na área de Engenharia de Produção, com ênfase em Planejamento, Projeto e Controle de Sistemas de Produção, atuando principalmente nos seguintes temas: finanças e custos, planejamento, administração pública, administração financeira, controladoria e Gestão e legislação educacional.

Gestão educacional - aspectos Legais

1ª Edição (ano 2017)

**Votuporanga-SP
Editora FATEC
2017**

PALÁCIO, Marcos de Matos. Gestão educacional – aspectos legais. Votuporanga-SP: Editora FATEC, 2017.

1. Direito Educacional I. Título

98-0243   CDD-370.2681

Agência Brasileira do ISBN
ISBN 978-85-906532-4-0

9 788590 653240

Índices para catálogo sistemático:

1. Brasil: Direito Educacional

Ao meu Pai Pr. Francisco Palácio, sempre presente na memória. Minha mãe, Miss. Carolina Palácio, pela educação privilegiada que me concedeu. A minha esposa Suzana Palácio pela compreensão do dia-a-dia e apoio a todos os projetos sem medida. A minha filha Victória Palácio, razão de voltar a viver. Aos meus irmãos Denise, Cléo e Otoniel Palácio, colaboradores do meu sucesso.

Apresentação

O prof. Dr. Marcos Palácio, graduado em Direito, especialista em Legislação e Gestão Educacional, há duas décadas vem se dedicando ao tema.

Portanto, é com alegria que a comissão editorial da FATEC, vem apresentar está obra aos leitores, principalmente aos gestores educacionais, que será de grande valia.

A gestão escolar é reconhecida, hoje, como um dos elementos determinantes do desempenho de uma Instituição. Por isso, várias discussões têm abordado esse tema a fim de discutir alguns conceitos existentes sobre esse aspecto das Instituições Educacionais. Para falar sobre gestão é preciso considerar que esse é um aspecto fundamental para o bom desenvolvimento de qualquer Instituição Educacional.

Percorrendo os caminhos de uma doutrina mais ampla, perscrutando todo aparato legal e normativo existente, esse livro é expressão dessa busca na qual aparece o encontro da Educação e do Direito, em que a primeira deixa de ser campo de aplicação e o segundo imbui-se de dimensões próprias das ciências humanas.

Dessa dialética aproveitar-se-ão gestores da educação e conselheiros, no exercício de suas funções, tanto quanto administradores das instituições. Mas serão também beneficiários desse livro professores e estudantes que aí encontrarão, mediante a dúvida e a suspeita, caminhos de elaboração de um trabalho rigoroso no método e provocativo no conteúdo.

Equipe Editorial FATEC.

Sumário

Apresentação

1. - Política pública da educação superior e suas atuais configurações no Brasil

Grandes transformações estão ocorrendo no cenário educacional do Brasil. Na última década, presenciamos um considerável crescimento do sistema educacional, com a criação diversificada de novos cursos e tipos de IES, para atender uma demanda crescente de alunos. Segundo último Censo da Educação o Brasil conta com 190 Universidades, 131 Centros Universitários, 2004 Faculdades Integradas, e 40 Institutos Superiores, Centros de Tec. e Educação Tecnológicas, totalizando 2365 IES, além de contar com novos tipos e modalidades de cursos, tanto presencial como à distância, some-se a tudo isso um amplo conjunto de múltiplas propostas de políticas de inclusão social e ações afirmativas que foram e estão sendo implementadas, paulatinamente, na área da educação do país.

Tais fenômenos apontados acima vão de encontro à realidade que vivemos que é a globalização, na qual estamos inseridos e precisamos participar de forma ativa e não apenas como coadjuvantes desse cenário, onde a complexidade concorrencial se acelera a cada dia.

Partindo-se do pressuposto que ampliar o acesso e alcançar a equidade baseada em uma formação de qualidade, no ensino superior, é fundamental para o processo de desenvolvimento econômico e social do nosso país, se faz necessário cada vez mais estudos cuja finalidade seja levantar informações, indicadores e a realização de uma análise da evolução do Acesso, Expansão e Equidade na educação superior no Brasil.

O tema qualidade do ensino superior é bastante complexo em nosso País, necessitando o estabelecimento de metas para aprofundar esta discussão. Vários gestores ao longo de sua carreira até como (PI) pesquisadores Institucionais, várias vezes se depararam com o tema qualidade na educação, portanto se faz conveniente resgatar as visões da qualidade em educação propostas pelo INEP/UNESCO.

Segundo definições de qualidade definidas pela UNESCO, em Relatório Conciso sobre o Imperativo da Qualidade:

De acordo com os fatores apresentados pela UNESCO, percebemos a educação como um processo a ser construído, logo, a qualidade desse processo irá depender de características anteriores, atuais e posteriores ao processo. Também entendemos que esse processo ocorre inserido em um contexto que é relevante para o sucesso das ações realizadas, assim como, as particularidades dos sujeitos envolvidos nele.

Historicamente a qualidade do ensino superior vem apresentando algumas limitações inerentes à formação anterior dos alunos e ao mesmo tempo o processo de avaliação da qualidade está praticamente centrado em um modelo único. Com relação a essas questões é preciso pensar e repensar novos modelos de instituições direcionadas para receber alunos com déficit de formação e adotar estratégias no sentido de superar tais limitações, visando com isso, atingir níveis mais adequados de qualificação. Levandose em conta as dimensões do país, e as diferentes realidades vivenciadas em cada uma das instituições de ensino superior, seria de bom tom, repensar o modelo único de avaliação e levar em consideração os objetivos das instituições e dos cursos numa visão contextualizada.

Na última década houve avanço considerável no ensino superior, público e privado do Brasil e, que sem dúvida alguma, isso se deve a um conjunto de ações e programas de políticas públicas de incentivo ao incremento do número de alunos na cadeia produtiva do setor da educação no país. Entre as diversas ações e programas desenvolvidos e implementados pelo Estado, ao longo dos anos, estão o Programa Universidade para Todos, conhecido por PROUNI, e pelo Sistema de Seleção Unificada (SISU), sistema esse que tem o papel de canalizar todos os esforços para integração dos objetivos propostos pelo Programa de Apoio a Planos de Reestruturação e Expansão da Rede Pública Federal (REUNI), pois são ações e projetos que ampliam significativamente o número de vagas na educação superior e ao mesmo tempo viabilizam o acesso dos jovens à educação superior no país.

Mas ainda temos que buscar explicações para responder algumas questões ainda presentes:

Em que medida o processo de expansão do ensino superior tem assegurado verdadeira democratização do acesso à educação de qualidade?

As políticas de inclusão social estimulam a democratização do acesso e a qualidade do ensino oferecido?

1.2. – Ensino superior no Brasil: estrutura e políticas recentes

A atual educação superior no Brasil é composta por uma estrutura complexa e diversificada de instituições públicas e privadas com diferentes tipos de cursos e programas, incluindo vários níveis de ensino, desde a graduação até a pós-graduação lato e stricto sensu.

O art. 16 da Lei 9.394 (LDBN, 1996) informa que o sistema federal de ensino compreende:

I – as instituições de ensino mantidas pela União, II – as instituições de educação superior criadas pela iniciativa privada, III – os órgãos federais de educação. Esse sistema é normatizado nacionalmente através da Constituição Federal de 1988 e da Lei de Diretrizes Básicas para a Educação Nacional - Lei nº 9.394/96. Acrescida da Lei 9.135/95, de criação do Conselho Nacional de Educação e de um conjunto de Decretos, Regulamentos e Portarias complementares. A União é responsável em baixar normas gerais sobre os cursos de graduação e pós-graduação; assegurar processo nacional de avaliação das instituições de educação superior; autorizar, reconhecer, credenciar, supervisionar e avaliar, respectivamente, os cursos das instituições de educação superior e os estabelecimentos do seu sistema de ensino, art. 9 Lei 9.394 (LDBN, 1996).

Nos dispositivos acima são definidos que as Instituições de Ensino Superior (IES) públicas federais são subordinadas à União, podendo se organizar como autarquias ou fundações públicas e que oferta de ensino superior é livre à iniciativa privada, mantidas e administradas por pessoas físicas ou jurídicas de direito privado, desde que, atendidas as condições de cumprimento das normas gerais da educação nacional e avaliação de qualidade, pelo Poder Público. A expansão deste tipo de organização e a década da criação das legislações acima, podem ser entendidas através das recentes políticas de educação superior no país.

O Ministério da Educação tem como missão coordenar a política nacional de educação, articulando os diferentes níveis e sistemas no exercício de sua função normativa e para a prestação de assistência técnica e financeira aos estados, municípios e Distrito Federal, em benefício da sociedade (MEC, 2014). O ministério tem como um dos principais objetivos ampliar e democratizar o acesso à educação superior de qualidade a partir do reconhecimento do papel estratégico das universidades para o desenvolvimento econômico e social do país é o principal objetivo do Ministério da Educação neste eixo de atuação. Para isso, algumas políticas e ações estão sendo desenvolvidas.

Com base na página eletrônica do Ministério da Educação, atualmente pode ser identificados 20 programas e ações. Cerqueira (2015) separa esses programas em 5 categorias de necessidades: programas/ações de diversificação acadêmica e de articulação do ensino, pesquisa e extensão, programas/ações de avaliação e de regulação do sistema, Programas/ações de cooperação e relações internacionais, programas/ações de articulação da educação superior com a educação básica, programas/ações de acesso e permanência. A figura 01 mostra a estrutura do ensino superior no Brasil por Secchi (2012).

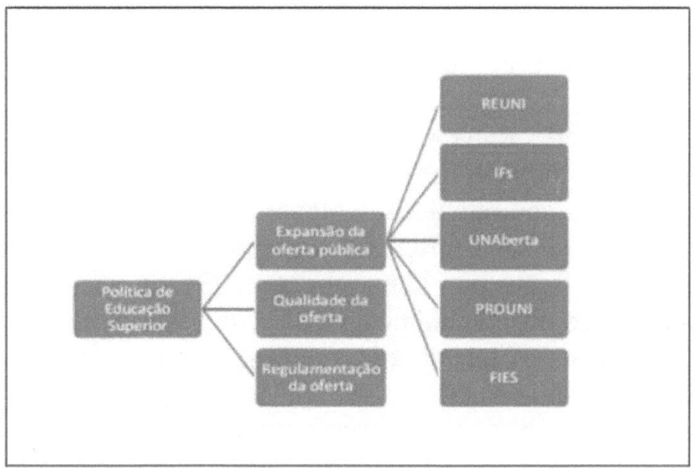

Figura 01 – Estrutura de Políticas Públicas do Ensino Superior no Brasil
Fonte: Secchi

1.3. – *Educação superior e as políticas de inclusão social*

Criado nos anos 1970, o Programa de Crédito Educativo (PCE/CREDUC) somente foi institucionalizado em 25 de junho de 1992, por meio da Lei nº 8.436, quando passa a ser definitivamente administrado e supervisionado pelo MEC.

Baseado em experiências de outros países, o Programa tinha os seguintes objetivos: buscar a igualdade de oportunidades educacionais; diminuir a evasão do ensino superior; e proporcionar às camadas populares recursos financeiros para cursar o ensino superior, entre outros.

Inicialmente, o Programa definiu duas modalidades de empréstimo: manutenção e anuidade.

A manutenção buscava reduzir as dificuldades de sustento dos alunos em ambas as redes — pública e privada. A anuidade tinha seu valor correspondente à anuidade estabelecida pela IES.

Com prazo contratual equivalente ao da duração média dos cursos, o CREDUC admitia, em casos especiais, a ampliação por mais um ano. Quanto aos critérios de seleção dos candidatos, o MEC se baseava no índice de carência dos interessados, definido pela renda bruta familiar do candidato e pelo número de componentes da família, entre outros.

O Programa contou com financiamento de várias fontes, como MEC, recursos próprios da Caixa Econômica Federal e do Banco do Brasil, além da participação de bancos privados. Desde a sua criação na década de 1970, até meados dos anos 1980, o Programa atendeu mais de um milhão de estudantes e, considerando a inadimplência em relação à quitação dos empréstimos efetuados aos estudantes, por volta de 1983, o PCE/CREDUC estava praticamente falido. Para trazer autossuficiência ao Programa, duas grandes reformulações foram introduzidas: novas fontes de financiamento, como é o caso das loterias em 1983, e a diminuição do período de carência, exigência de fiador e introdução de uma taxa de 6% acima da correção monetária, em 1989.

Na década de 1990, o Programa enfrentou problemas de natureza político-operacional, entre eles, a baixa prioridade dada pelo MEC e, em decorrência, a instabilidade dos recursos e a falta de clareza entre os papéis do MEC e da Caixa Econômica Federal, bem como a avaliação insuficiente da qualidade das IES parceiras do Programa. Além disso, a taxa de retorno era baixa em oposição ao elevado custo operacional. O Programa financiou vagas pela última vez em 1997, ocasião em que atendeu 58.709 estudantes.

As avaliações feitas indicam que o Programa foi desativado no início da década de 2000, em razão da inexistência de fiadores e de garantias de crédito, dificuldades operacionais na cobrança dos empréstimos, limitação das fontes de recursos e o valor elevado das parcelas para a amortização da dívida contraída. Em decorrência, foram atendidos os alunos que já tinham contraído os empréstimos em anos anteriores.

As alterações verificadas no cenário econômico influenciaram no esgotamento do modelo do CREDUC e, com isso, o modelo deixou de contratar novos empréstimos, mantendo apenas os aditamentos realizados anteriormente.

O Fundo de Financiamento ao Estudante do Ensino Superior (FIES), criado em 1999, é um programa do Ministério da Educação, operacionalizado pela Caixa Econômica Federal, instituição financeira estatal. O FIES é destinado a financiar a graduação no ensino superior de estudantes que não têm condições de arcar integralmente com os custos de sua formação. O Fundo financia até 100% do valor da parte da mensalidade devida pelo estudante à instituição de ensino.

Para candidatar-se ao FIES, o aluno deve estar regularmente matriculado em instituição privada, cadastrada no Programa e com avaliação positiva nos processos conduzidos pelo MEC. Não poderão se candidatar os alunos cuja matrícula acadêmica esteja em situação de trancamento; que já foram beneficiados pelo FIES e que sejam responsáveis por inadimplência com o Programa de Crédito Educativo (PCE/CREDUC); beneficiários de bolsas integral ou parcial do ProUni, bem como em curso/habilitação/turno diferente daquele vinculado a sua bolsa; alunos cuja renda bruta total mensal familiar seja inferior ao valor da mensalidade do curso a ser financiado. Essa restrição não se aplica aos bolsistas parciais de 50% do ProUni e aos bolsistas complementares de 25%, pois esse grupo não passa por processo seletivo para obter o financiamento do FIES.

Algumas alterações foram introduzidas com a edição da Lei n.º 11.552/2007 em relação ao FIES, buscando ampliar o número de alunos atendidos pelo programa 2.

O FIES tem registrado participação cada vez maior das IES e dos estudantes do País. Os números do processo seletivo do segundo semestre de 2006 mostram que participam do FIES 1.110 mantenedoras, 1.513 IES, 2.059 campi, 23.035 cursos/habilitações, além de 449.786 estudantes beneficiados. No entanto, o FIES não consegue absorver a demanda e sequer atinge 10% do total de alunos matriculados no setor privado. Mesmo assim, as análises centradas no FIES devem levar em consideração os eixos que passaram a nortear as políticas públicas a partir de meados da década de 90, principalmente a ideia de focalização.

A partir de 2005, o FIES passou a conceder financiamento também aos estudantes selecionados pelo ProUni para recebimento da bolsa parcial de 50%, regularmente matriculados em cursos de graduação.

O FIES pode ser utilizado por estes estudantes, para pagamento de 25% do valor da mensalidade.

Concebido em 2004, no âmbito do governo federal, e implementado em 2005, o ProUni visa a criar condições para o acesso de estudantes carentes ao ensino superior, por meio da oferta de bolsas de estudo, de diferentes modalidades, para instituições mantidas por iniciativa privada. Os bolsistas parciais do ProUni não participam dos processos seletivos regulares do FIES, sendo designados períodos específicos para concessão do financiamento.

O PROUNI é um programa do Ministério da Educação que concede bolsas de estudo integrais e parciais (50%) em instituições privadas de ensino superior, em cursos de graduação e sequenciais de formação específica, a estudantes brasileiros, sem diploma de nível superior.

A seleção é feita com base nas notas do Exame Nacional do Ensino Médio (ENEM).

Podem se inscrever ao programa, candidatos que não possuam diploma de curso superior, que tenham participado do ENEM e obtido no mínimo 450 pontos na média das notas do Exame e nota superior a zero na redação. As bolsas disponíveis são:

- De 100% - para estudantes com renda bruta familiar de até 1,5 salário mínimo por pessoa;
- De 50% - para estudantes com renda bruta familiar de até 3 salários mínimos por pessoa.

Além disso, o candidato deve satisfazer a pelo menos uma das condições abaixo:

- ter cursado o ensino médio completo em escola da rede pública ou em escola da rede privada como bolsista integral da própria escola;
- ser pessoa com deficiência;
- ser professor da rede pública de ensino, no efetivo exercício do magistério da educação básica e

integrando o quadro de pessoal permanente da instituição, e concorrer a bolsas de estudos em cursos de licenciatura. Nesse caso não é exigida a comprovação de renda.

O Programa Universidade Para Todos - ProUni é caracterizado como uma ação afirmativa potencialmente inovadora, em virtude de estar voltado a um segmento composto por uma população de baixa renda, com cotas para deficientes, afrodescendentes, indígenas, ou seja, um público vulnerável, com poucos anos de estudo, alvo de discriminações, excluída durante muito tempo do acesso ao ensino superior.

Através do estudo realizado, constata-se que o ProUni garante o acesso ao ensino superior, contudo, a inclusão social não é plenamente efetivada. A permanência do bolsista na IES é ameaçada devido às condições socioeconômicas que, muitas vezes, inviabilizam a continuidade do aluno no curso. Isso ocorre em virtude da ação afirmativa de inclusão social, não proporcionar condições efetivas de inseri-lo no ambiente acadêmico, acabando por dificultar o aproveitamento dos estudos.

É preciso o governo federal buscar o aprimoramento do ProUni, contemplando mudanças na política de permanência do estudante, que está, atualmente, restrita apenas a bolsa-permanência com alcance ínfimo e programas de estágios com poucas vagas, demonstrando a insuficiência quanto ao alcance do universo dos atendidos no Programa. Estabelecer junto as

IES privadas, políticas de acompanhamento e assistência aos bolsistas, não se limitando ao estudo de dados dos aspectos sócio-econômicos, não intervindo de nenhuma forma, na realidade do aluno, não possibilitando à mudança dos paradigmas e contradições existentes na inserção da população de baixa renda no ensino superior, não fortalecendo a democratização preconizada pelo governo, acabando por agravar as desigualdades sociais existentes.

Não obstante, diante do que foi exposto, tornam-se necessário estudos adicionais que visem dimensionar em cada IES participante do ProUni o que cada uma tem procurado contribuir, no tocante a sua responsabilidade social em relação aos bolsistas, como está o rendimento acadêmico, o processo de ensino-aprendizagem, quais as dificuldades enfrentadas no que se refere à permanência no curso, quais medidas possibilitariam melhorias significativas, enfim procurar realmente promover a inclusão social.

2. – *Setores públicos e privados na educação brasileira*

O debate entre o público e o privado na educação brasileira não é recente e as pesquisas explicitam pontos de convergência e divergência entre os quais se inserem as questões destas categorias e seus reflexos em cada modalidade e/ou nível educacional, destacando análises que tratam da natureza e do caráter da educação.

Ao situar o embate entre o público e o privado é necessário ressaltar que seus desdobramentos efetivos vinculam-se às determinações estruturais e conjunturais de uma dada realidade sócio-político-cultural. Entende-se, para efeito de análise, a educação como uma prática social contraditória, com objetivos e fins nem sempre convergentes, resultantes da sua caracterização como campo de disputas hegemônicas de projetos sociais providos de historicidade e impregnados pelas condições sócio-políticas-culturais nas quais se constituem e buscam se efetivar.

Neste sentido, os debates sobre a educação brasileira têm sido permeados pelos confrontos entre os defensores do ensino público e os defensores do ensino privado, cujas demarcações teórico-conceituais sofrem alterações substantivas ao longo da história, apesar de resultarem da precária delimitação entre as esferas pública e privada da sociedade. Essa indefinição fronteiriça acarreta, particularmente, a ambiguidade do Estado enquanto expressão de poder público.

Por outro lado, está o processo de redemocratização da sociedade brasileira, marco da elaboração da nova Constituição e da nova Lei de Diretrizes e Bases da Educação Nacional (LDB), que propiciaram a retomada dos debates em torno da liberdade de ensino e de sua laicidade, e sobre o financiamento e o papel do Estado na educação (Cury, 1992; Cunha, 1995; Gadotti, 1990; Pinheiro, 1991).

A partir dos anos de 1980, a relação entre o público e o privado no que tange à educação foi alterada, no quadro mais geral da reforma do Estado e da restruturação das políticas sociais.

Antes de abordar as inovações e os mecanismos responsáveis por essas mudanças, registro uma breve discussão sobre duas formas diferenciadas de entendimento do espaço do privado, de modo a estabelecer o ponto de vista que norteará o texto.

Em uma dessas formas, a mais corrente, o setor privado assume o significado bastante restrito de mercado. Mais especificamente, essa forma de entendimento do privado focaliza as firmas e empresas que operam no mercado com objetivos lucrativos. Nessa perspectiva, são consideradas privatizantes apenas as políticas educacionais que envolvem o financiamento público de consumo de serviços privados, por meio de contra- tação, reembolso ou indenização dos consumidores, da adoção de tickets ou vales como pagamento direto dos provedores privados, a transferência da propriedade pública de estabelecimentos educacionais ou de infraestrutura para a propriedade privada (Draibe, 1989).

Todavia, a complexidade e a multiplicidade de novos arranjos para a oferta de bens e serviços têm levado os estudiosos das políticas sociais a considerar o setor privado e os movimentos de privatização de um ponto de vista mais amplo. Trata-se de uma perspectiva que considera os diferentes mecanismos que levam ao encolhimento da presença do Estado e que incluem movimentos de diminuição do investimento e gasto estatal, de eliminação do papel produtivo e distributivo do Estado, ou mesmo que restringem as atividades estatais reguladoras e de gestão.

Essa perspectiva ampla também concebe o setor privado num sentido muito mais geral do que como sinônimo de setor privado lucrativo. Entendido como não-estado, o setor privado passa a incluir atividades informais, associações voluntárias, corporações privadas não-lucrativas e organizações não-governamentais, que, em conjunto, formam o chamado setor privado não-mercantil, não-lucrativo ou terceiro setor (Draibe, 1989).

Em benefício da educação, a Constituição Federal, promulgada em 1988, no inciso III do artigo 206, estabelece como princípio da educação escolar o pluralismo de idéias e de concepções pedagógicas e a coexistência de instituições públicas e privadas de ensino. Este mesmo princípio de ensino foi reproduzido e desdobrado em incisos próprios, o III e o V do artigo 2º, na Lei 9.394, que estabelece as diretrizes e bases da educação nacional, a chamada LDB.

No século XXI, a privatização do ensino é uma questão obsoleta. A coexistência institucional, enfim, permite que os entes federativos (União, Estados, Distrito Federal e municípios) busquem a alta qualidade de ensino da educação pública e incentivem a expansão da educação privada.

As escolas públicas e as privadas têm, na vida social, uma busca em comum: o bem público. Sem os valores sociais do trabalho e da iniciativa privada, não poderíamos afirmar, a rigor, que o Brasil se constitui em Estado democrático de Direito (inciso IV, Art. 1º, CF).

A Constituição Federal de 1988 prescreve, conforme podemos observar à luz dos artigos 205, 209 e 213, dois gêneros de escolas: as públicas e as privadas. É estabelecido pela Constituição que as escolas privadas se subdividem em duas espécies: as lucrativas e as não-lucrativas.

O artigo 209 da Constituição Federal prescreve, por seu turno, que o ensino é livre à iniciativa privada, atendidas as condições de cumprimento das normas gerais da educação nacional (inciso I) e autorização e avaliação de qualidade pelo poder público (inciso II).

No tocante ao financiamento da educação nacional, os recursos públicos podem ser dirigidos, conforme preceitua o artigo 213 da Constituição Federal, a escolas comunitárias, confessionais ou filantrópicas que comprovem finalidade não-lucrativa, apliquem seus excedentes financeiros em educação (inciso I) e assegurem a destinação de seu patrimônio a outra escola comunitária, filantrópica ou confessional – ou ao poder público, no caso de encerramento de suas atividades (inciso II).

No plano da legislação ordinária, o artigo 20 da LDB, que categoriza as chamadas instituições privadas de ensino, entende que as particulares são definidas, em sentido estrito, como as escolas instituídas e mantidas por uma ou mais pessoas físicas ou jurídicas de direito privado que não apresentem as características das demais escolas privadas, isto é, comunitárias, confessionais e filantrópicas. São entendidas como confessionais, segundo a LDB, no inciso III do referido artigo, as escolas instituídas por grupos de pessoas físicas ou por uma ou mais pessoas jurídicas que atendem a orientação confessional e ideologia específicas. As escolas filantrópicas são regidas por lei própria.

As escolas comunitárias, a partir da Lei 11.183, que dá uma nova redação ao inciso II do caput do art. 20 da Lei nº 9.396, são consideradas as instituídas por grupos de pessoas físicas ou por uma ou mais pessoas jurídicas, inclusive cooperativas de pais, professores e alunos, que incluam em sua entidade mantenedora representantes da comunidade. Como, então, esta estruturação legal das redes pública e privada repercutirá na oferta da educação básica?

O artigo 21 da LDB determina que a educação escolar compõe-se de dois estágios educacionais: o primeiro, o da educação básica, formada pela educação infantil, ensino fundamental e ensino médio (inciso I); e o segundo, o da educação superior (inciso II). Faz-se necessário, por isso, observarmos como se comportam, na educação básica, as duas redes de ensino, a partir dos ditames legais da educação básica. De acordo com os dados preliminares do Censo Escolar 2005, realizado pelo MEC/Inep, temos, em nível de Brasil, em todas as modalidades de educação básica, 55.764.359 alunos matriculados. Deste universo, 48.745.170 alunos encontram-se na rede pública de ensino, o equivalente a 87,41%. Vale destacar que só a rede municipal de ensino público concentra 45,30% das matrículas da educação básica.

A rede privada de ensino, com 7.019.189 alunos na educação básica, abarca 12,59% das matrículas, o que, aparentemente, é uma participação pequena, mas qualitativamente expressiva, se considerarmos que as categorias administrativas (federal, estadual e municipal) são concorrentes, ou seja, no Brasil, não há ainda uma rede única de ensino público. A porcentagem de alunos matriculados em todas as modalidades da educação básica, na rede privada, varia entre 4,70% e 58,23%, dependendo do nível de ensino.

O princípio da coexistência de instituições públicas e privadas de ensino é, a rigor, bem diferente da ideia de independência extrema ou absoluta dessas mesmas instituições, o que não quer dizer que não possam concorrer na oferta de educação escolar. Uma nova "equação" para a educação, vista como direito social de todos e dever do Estado, da Família e da Sociedade como um todo, é – ou deveria ser – a seguinte:

Educação Escolar = escolas públicas X escolas privadas. Se as escolas públicas zeram, no produto final, o fracasso repercute também negativamente no setor privado, porque o público e o privado pertencem à mesma sociedade. Da mesma forma, se as escolas privadas zeram ou fecham suas portas, há comprometimento social: menos vagas para os profissionais de ensino e menos opção para as famílias, em se tratando de serviço educacional. Isso só será óbvio quando a sociedade política, e não apenas a civil, vir, no setor privado, um segmento com fins sociais ou públicos.

2.1. – *Eficiência entre ensino público e privado no Brasil*

Tem-se constatado, nos últimos anos, significativas diferenças nos resultados das avaliações a favor dos estudantes brasileiros de escolas privadas em relação aos de escolas públicas baseadas no Sistema de Avaliação da Educação Básica (SAEB) e no *Programme for International Student Assessment* (PISA). Isso pode estar refletindo, tanto a fuga da classe média do ensino público, que busca nas escolas particulares um sistema de ensino mais eficiente, como o maior acesso à educação pública das famílias mais carentes . Entretanto, é difícil separar nesta diferença o efeito da eficiência do sistema privado do efeito das condições socioeconômicas das famílias que podem optar por escolas privadas para seus filhos; principalmente, considerando que a grande maioria das famílias brasileiras apresenta perfis socioeconômicos desfavoráveis e só tem a escola pública como única opção. Esse imensurável viés de seleção relacionado às condições socioeconômicas das famílias pode tornar incomparável o desempenho dessas duas redes de ensino, impossibilitando isolar o efeito da eficiência das escolas privadas em obter melhores performances dos alunos.

Na busca de determinar o efeito médio da frequência regular na escola e o efeito que ela incide no desempenho dos alunos, contornado o viés de seleção e, consequentemente, a endogeneidade intrínseca ao processo educacional, as suposições que possibilitam determinar um contrafactual são facilmente questionadas. No Brasil, pressupõe-se que os rendimentos familiares, a capacidade cognitiva dos alunos e a motivação das famílias relacionada a importância dada à educação como fator de mobilidade social têm um papel significativo no processo de seleção da escola, consequentemente, torna-se infactível sustentar os pressupostos de homogeneidade e ignorabilidade do tratamento. Como reconhece Webbink (2005), devido o processo educacional ser a princípio endógeno, inúmeros resultados encontrados na literatura da função de produção educacional sobre o efeito dos fatores escolares podem não ser corretos, especialmente quando se preocupa busca comparar estudantes dos sistemas público e privado de ensino (MORGAN e WINSHIP, 2007). Daí a necessidade de se introduzir correções por variáveis instrumentais para corrigir tal problema.

Na educação americana, alguns estudos utilizaram variáveis instrumentais como fonte exógena para identificar o efeito do ensino privado no desempenho do estudante. Por exemplo, Evans e Schwab (1995), primeiros a abordarem o problema do viés de seleção na análise do hiato entre escolas públicas e privadas americanas, utilizaram a vertente religiosa da família católica como variável instrumental. Similarmente, Hoxby (1994) analisa as questões da competitividade e da diminuição da demanda devido à baixa qualidade do ensino público, utilizando a composição religiosa das escolas como instrumento. Entretanto, Altonji et al (2002) criticam esses instrumentos utilizados para identificar o efeito das escolas católicas americanas, pois esses instrumentos normalmente apresentam alguma correlação com os resultados ou com as variáveis explicativas dos desempenhos dos alunos. A ocorrência disso acarretaria sérios danos às inferências realizadas.

Utilizando diferentes metodologias para contornar o viés de seleção devido a variáveis não observadas, vários estudos analisaram a educação brasileira no sentido de comparar o desempenho dos estudantes dos sistemas público e privado. Admitindo a comparabilidade entre os estudantes destes diferentes sistemas de ensino, seus resultados apontam a gestão privada como a mais eficiente (VANDENBERGHE e ROBIN, 2004, SOMERS et al, 2004, FRANÇA e GONÇALVES, 2010, DRONKERS e AVRAM, 2010).

Em termos gerais, a literatura nacional e internacional identifica como os principais problemas de análise a endogeneidade decorrente de variáveis não observadas e o viés de seleção, razão pela qual se tem buscado abordagens metodológicas alternativas, tais como, variáveis instrumentais, pareamento no escore de propensão e diferença-em-diferença. Dronkers e Avram (2010) afirmam que, apesar da expressiva quantidade de trabalhos realizados em nível mundial, os resultados permanecem inconsistentes e inconclusivos. Portanto se faz necessário questionar as suposições de identificação da metodologia de Pareamento no Escore de Propensão e de regressões lineares na investigação sobre a diferença de resultados entre as escolas públicas e privadas brasileiras. Consequentemente, a suposição de ignorabilidade do tratamento e imputação dessas metodologias é questionada para a realidade do mecanismo de seleção das escolas privadas brasileiras.

2.2. – *A educação pública e sua relação com o setor privado*

A política educacional brasileira vem, ao longo dos últimos anos, sofrendo modificações em sua pauta de debates e redefinindo, na prática, questões pactuadas pelos educadores no período correspondente à década de 1980.

Conteúdos atribuídos à descentralização, autonomia da escola e à participação, que foram, naquele período, as bases do debate sobre a gestão democrática da educação, hoje pouco tem de democráticos, quando se prestam, em verdade, a ocultar a desresponsabilização governamental diante do quadro educacional brasileiro.

Estas alterações não ocorrem apenas no campo da educação, visto que são observadas nas políticas sociais de uma maneira geral e resultam das estratégias adotadas pelos setores hegemônicos como resposta à crise do capitalismo. Buscando melhor perceber esse movimento este texto objetiva refletir sobre as relações entre o poder público e o setor privado para a gestão e a oferta da educação básica, resultantes de distintos formatos de "parcerias público-privadas", termo aqui entendido como em Bezerra (2008), ao sintetizar as contribuições de Luís Eduardo Patrone Regules (2006) e Maria Sylvia Zanella Di Pietro (2005): [...] a reunião de esforços entre o Poder Público e o setor privado para a concretização de objetivos de interesse público, a partir de iniciativas legislativas (termo de parceria), bem como da sua aceitação pela doutrina no âmbito do Direito Público. Cabe ainda, nesta perspectiva, a designação de todas as formas de sociedade que, apesar de não formarem uma nova pessoa jurídica, se organizam entre os setores público e privado, para a consecução dos interesses públicos. (BEZERRA, 2008, p. 63-64).

Nesse sentido, a expressão parceria púbico-privada adotada neste trabalho implica também na capacidade de intervenção que o setor privado passa a dispor junto à administração pública, por meio da assunção total ou parcial de responsabilidades até então atribuídas ao poder público em sua totalidade. (BEZERRA, 2008).

No campo educacional as origens do público e do privado têm suas raízes na história, e em consequência trazem para o presente uma dimensão que não podemos ignorar. Ao voltar-se para a história da educação para investigar a presença do público e do privado no contexto brasileiro, podemos constatar que a educação pública, como é caracterizada hoje, tem seu enraizamento na década de 1930. Embora antes desse período já tenha surgido outras formas de educação pública no Brasil, ainda quando era província de Portugal, a construção de um sistema público de ensino é conquista deste século.

Ao longo dos tempos pode-se evidenciar a relevância sobre o papel das políticas públicas para a sociedade, considerando os fins a que se propõem. Ao público sujeito é suprimida a possibilidade de ser ativo nas elaborações políticas, tendo em vista a dificuldade em serem levadas em conta suas proposições. Ao público como órgão de governo cumpre o regimento das políticas públicas para a educação com a manutenção da lógica mercadológica evidenciada na restrição do Estado frente às questões sociais.

Deste modo, os objetivos que partem do público como espaço de governo estão em discrepância com os clamores da sociedade, em especial, do âmbito escolar representados por seus sujeitos, fazendo-se notar pelos rompimentos nos canais de comunicação que interligam a via de duplo sentido dado ao público. Ao longo dos últimos anos de que o neoliberalismo como a terceira via têm o mercado como parâmetro de qualidade, a partir do diagnóstico de que os problemas da crise estão no Estado. O neoliberalismo condena diretamente a democracia e a participação por considerá-las prejudicial ao livre andamento do mercado, já a terceira via, apresenta o discurso da participação da sociedade civil, mas setores vinculados ao mercado têm sido considerados a sociedade civil, como se já tivéssemos superado o capitalismo, a sociedade de classes e como se os interesses vinculados ao capital fossem os interesses da sociedade. A agenda educacional tem sido ditada por um setor da sociedade, que detém poder financeiro e de mídia para falar em nome dela.

Com o diagnóstico da terceira via de que não existem mais classes sociais, a sociedade civil é entendida em abstrato, as pessoas são chamadas à execução das políticas, como sinônimo de participação, mas com cada vez menos direitos sociais e trabalhistas. Com uma concepção de democracia, que separa o econômico e o político.

A política educacional, que historicamente no Brasil teve como parâmetro o mercado, estava dando os primeiros passos na construção de uma gestão democrática e de direitos sociais universais, quando, nesse contexto, o parâmetro de qualidade vinculado ao mercado é fortalecido. Enfim, muito lutamos pela gestão democrática da educação e observamos que nas parcerias os professores não têm autonomia, já que muitas vezes as aulas vêm prontas, e ainda são defendidos valores como a competitividade entre alunos e professores, além de premiação aos mais eficientes.

2.3. – *O público e o privado na educação especial brasileira*

Historicamente, a Educação Especial foi considerada mais um serviço de caráter filantrópico do que propriamente um direito social. A partir da década de 1980, porém, ela entra para a pauta da universalização do direito à educação, inicialmente com a Constituição de 1988.

Na década de 1960 clínicas e serviços particulares de atendimento, muitos com apoio educacional, foram reunindo pessoas e profissionais interessados no problema. Comprova-se certa pressão em torno do tema. Em 1973, o MEC cria o Centro Nacional de Educação Especial – CENESP, responsável pela gerência da Educação Especial no Brasil, que, sob a égide integracionista, impulsionou ações educacionais voltadas às pessoas com deficiência e às pessoas com superdotação, mas ainda configuradas por campanhas assistenciais e iniciativas isoladas do Estado. Nesse momento, não se efetiva uma política pública de acesso universal à educação, permanecendo a concepção de "políticas especiais" para tratar da educação de alunos com deficiência. Na metade da década de 1980, é criado o Conselho Nacional para Integração da Pessoa com Deficiência (CORDE) visando maior abrangência que o CENESP e, numa época de nova tentativa de redemocratização nacional, traz também a marca de alguma participação dos próprios deficientes, o que não acontecia anteriormente. Após este período, com a Constituição de 1988, a Lei de Diretrizes e Bases da Educação Nacional (1996) e políticas integracionistas, começam se efetivar a oferta de serviço educacional público às pessoas com deficiência em escolas especiais e classes especiais (dentro de escolas regulares). Isso não quer dizer que a oferta privada se extingue, pois a mesma exerce grande força política no interior do Estado.

Seguindo este movimento (que ocorre também em outros países), as políticas de integração passam a ser substituídas pelas chamadas políticas de inclusão, visando a extinção das classes e escolas especiais. A proposta da chamada educação inclusiva é que os alunos público alvo da Educação Especial sejam matriculados em salas de aula regulares e tenham atendimento complementar em salas de apoio, dentro da escola regular e em turno oposto.

Tais políticas se mantêm nos dias de hoje, porém com algumas modificações.

Sobre este movimento histórico, contribui para o debate após muita luta para ser garantida como um direito, a educação dos sujeitos com deficiência é garantida na legislação, mas a sua implementação sofreu os impactos das redefinições no papel do Estado e dificuldades na sua materialização. O poder público historicamente desresponsabilizou-se da educação especial e, no momento em que estava iniciando a ser entendida como um direito, a nova conjuntura de racionalização de recursos dificulta a implementação com qualidade das políticas e restringe a ampliação de escolas públicas de educação especial.

As políticas continuam hoje restringindo a existência de escolas públicas de Educação Especial, movimento que se fortaleceu com a Reforma do Estado brasileiro. Sobre isto, Garcia (2009) também traz contribuições importantes: Historicamente, a educação especial brasileira foi estruturada sobre poucas instituições públicas e uma rede paralela de instituições privadas que desenvolveram o trabalho em regime de convênios com secretarias de educação nos estados e municípios. [...] A reforma do estado brasileiro nos anos 1995 favoreceu uma situação que já estava naturalizada para a educação especial, qual seja a relação público/privado na execução do atendimento educacional. As instituições privado assistenciais assumiram o atendimento de educação especial, recebendo financiamentos públicos, que podem servir para a estrutura física, o transporte escolar e mesmo para a sustentação do quadro de professores, muitos deles cedidos pelas secretarias estaduais e/ou municipais. (GARCIA, 2009, p. 03) Atualmente a Educação Especial é chamada de Educação Inclusiva. O atendimento complementar em salas de recursos é entendido como "atendimento educacional especializado" (AEE), que pode ser realizado nas escolas ou em centros especializados, públicos ou privados. As salas de apoio passaram a se denominar Salas de Recursos Multifuncionais e o papel do professor também se modificou através da ampliação de algumas funções e da supressão de outras.

Esta reconfiguração pela qual tem passado a Educação Especial quanto ao tipo de educação ofertada aos alunos, quanto às concepções e terminologias empregadas e ao papel do professor, suscitam a hipótese de que a relação público-privado, que já existia através de convênios, esteja se fortalecendo com a ideia de a Educação Especial ser um serviço de ordem técnica que não precisa ocorrer no seio da escola, apesar de percebermos maior atuação do Estado na área.

3. – *Legislação educacional*

Conjunto de normas educacionais, legais e infralegais, leis e regulamentos, com instrução jurídica, relativas ao setor educacional.

A legislação Educacional possui duas naturezas: uma reguladora e uma regulamentadora. Ela é reguladora quando se manifesta através de leis, sejam federais, estaduais ou municipais. As normas constitucionais que tratam da educação são as fontes primárias da regulação e organização da educação nacional, pois, por elas, definem-se as competências constitucionais e atribuições administrativas da União, dos Estados, do Distrito Federal e dos Municípios. Abaixo das normas constitucionais, temos as leis federais, ordinárias ou complementares, que regulam o sistema nacional de educação.

A legislação regulamentadora, ao contrário da legislação reguladora não é descritiva, mas prescritiva, volta-se à própria práxis da educação. Os decretos presidenciais, as portarias ministeriais e interministeriais, as resoluções e pareceres dos órgãos do Ministério da Educação, como o Conselho Nacional da Educação ou o Fundo de Desenvolvimento da Educação como serão executadas as regras jurídicas ou das disposições legais contidas no processo de regulação da educação nacional. A regulamentação não cria direito porque limita-se a instituir normas sobre a execução da lei, tomando as providências indispensáveis para o funcionamento dos serviços educacionais.

A legislação educacional do Brasil enquanto nação independente tem seu início na Constituição Imperial de 1824 (a qual continha um artigo sobre educação escolar primária gratuita) e prossegue até a Constituição Federal de 1988, considerando-se aí também as Constituições Estaduais, as Leis Orgânicas dos Municípios e toda a legislação ordinária, com ênfase especial na Lei de Diretrizes e Bases da Educação Nacional, nos diferentes momentos históricos em que elas ocorreram.

A legislação Educacional possui duas naturezas: uma reguladora e uma regulamentadora.

A partir de seu caráter, podemos derivar sua tipologia. Dizemos que a legislação é reguladora, quando se manifesta através de leis, sejam federais, estaduais ou municipais. As normas constitucionais que tratam da educação são as fontes primárias da regulação e organização da educação nacional, pois, por elas, definem-se as competências constitucionais e atribuições administrativas da União, dos Estados, do Distrito Federal e dos Municípios. Abaixo das normas constitucionais, temos as leis federais, ordinárias ou complementares, que regulam o sistema nacional de educação.

A legislação reguladora estabelece, pois, a regra geral, a norma jurídica fundamental. Daí, o processo regulatório voltar-se sempre aos princípios gerais e à disposição da educação como direito, seja social ou público subjetivo.

O principal traço da regulação é sua força de regular, isto é, poder, regularmente, ou que pode traduzido também pela democraticamente, estabelecer regras gerais de Direito ou normas gerais criadores de Direito.

Quando dizemos que a educação é direito social ou que o acesso ao ensino fundamental é direito público subjetivo, a imperatividade normativa reside na origem da fonte de direito, a Constituição, seja Federal, Estadual ou Municipal. Por isso, uma vez aprovadas, as leis devem ser respeitadas e cumpridas.

A legislação regulamentadora, ao contrário da legislação reguladora não é descritiva, mas prescritiva, volta-se à própria práxis da educação.

Os decretos presidenciais, as portarias ministeriais e interministeriais, as resoluções e pareceres dos órgãos do Ministério da Educação, como o Conselho Nacional da Educação ou o Fundo de Desenvolvimento da Educação como serão executadas as regras jurídicas ou das disposições legais contidas no processo de regulação da educação nacional. A regulamentação não cria direito porque limita-se a instituir normas sobre a execução da lei, tomando as providências indispensáveis para o funcionamento dos serviços educacionais.

Diríamos, em substância, que a estrutura político-jurídica da educação contida na Constituição Federal e nas Leis Federais regulam a estrutura político-jurídica da educação enquanto os decretos, as portarias, as resoluções, os pareceres, as instruções, enfim, prescrevem a forma de funcionamento do serviço educacional. Mas a legislação educacional, pertence ao domínio do Direito ou da Educação?

3.1 – *Evolução da legislação educacional brasileira*

No Brasil, a expressão legislação educacional é utilizada tanto para indicar os processos de formação oferecidos por instituições formais e não formais quanto para expressar uma ideia relativa ao ato de legislar em matéria da educação ou ainda para designar o conjunto de leis que objetivam disciplinar a matéria educacional.

Quando falamos em educação entendemos como um processo pelo qual uma pessoa ou grupo de pessoas adquire conhecimentos gerais, científicos, artísticos, técnicos ou especializados, tendo em vista o desenvolvimento de habilidades, capacidade ou aptidões. Além disso, pela educação, o cidadão adquire certos hábitos e atitudes.

A educação pode ser recebida em estabelecimentos de ensino especialmente organizados para esse fim tais como escolas, faculdades, centros universitários e universidade ou através da experiência cotidiana, por intermédio do contato social, leitura de jornais, revistas, livros, televisão, rádio, teatro, viagens e conferencias. É nessa concepção que a Constituição Federal trata a educação, ou seja, direito de todos e dever do Estado e da Família.

O objetivo primordial da educação é o de dotar o homem de instrumentos culturais capazes de impulsionar as transformações materiais e espirituais exigidas pela dinâmica da sociedade. A educação aumenta o poder do homem sobre a natureza e, ao mesmo tempo, busca conformá-lo aos objetivos de progresso e equilíbrio social da coletividade a qual pertence. A educação é, portanto um fato social.

No presente trabalho a expressão legislação educacional é utilizada referindo-se à instrução ou aos processos de formação que se dão tanto em estabelecimentos de ensino
quanto em outras organizações sociais como igrejas, os sindicatos, meios de comunicação e mesmo em grupos primários a exemplo da família e grupos de brinquedo.

A legislação da educação pode ser considerada como o corpo ou conjunto de leis referentes à educação, seja ela estritamente voltada ao ensino ou às questões relativas à matéria educacional como, por exemplo, a profissão de professor, a democratização do ensino ou as mensalidades escolares.

A definição acima está de acordo com Silva (1990, p. 58) quando ele diz: (...) mas a legislação (leges datae) distingue-se propriamente da lex, porque se mostrava regulamentos orgânicos, expedidos pelos magistrados, em face da outorga popular, em que se viam investidos. E não se confundiam com a lei, em seu exato sentido.

A educação brasileira na atualidade é fortemente influenciada por contrastes culturais, heterogeneidade e desigualdades sociais. Os contrastes culturais ocorrem em razão das características e traços culturais marcantes de cada região brasileira que são refletidos diretamente na educação nacional e na maneira pela qual ela se desenvolve. A educação é, portanto um fato social e como tal, é possível ser compreendida na concepção da tridimensionalidade do Direito: Fato valor e norma (REALE, 1999).

Dessa forma, a legislação educacional como legis data, ser entendida como um corpo ou conjunto de leis referentes à educação sendo, pois, um complexo emaranhado de leis.

Além de Silva, PESSOA (2003, 192) define legislação em três significados distintos: a ciência das leis; ato de legislar, de fazer, de elaborar leis; conjunto de leis sobre determinada matéria.

A existência de níveis de ensino, nos termos da Constituição Federal e na LDB, torna possível, conceitualmente falar em legislação do ensino fundamental, legislação do ensino médio, legislação do ensino superior e legislação da pós-graduação.

A legislação educacional é atualmente a única forma de Direito Educacional que conhecemos e vivenciamos na estrutura e funcionamento da educação brasileira, tendo como referência o processo legislativo definido no artigo 59 da Constituição Federal que compreende: emendas à Constituição; leis complementares; leis ordinárias; leis delegadas; medidas provisórias; decretos legislativos; resoluções. Além disso, temos as portarias.

Um dado importante e central na relação Estado e Educação é a definição de competências e incumbências dos entes federativos, inclusive, para fazer valer o reordenamento do Estado Federal brasileiro que reconhece a União, os Estados, os Municípios e o Distrito Federal como entes federativos. Quanto mais qualificamos juridicamente as normas legais relativas à educação, mais determinamos o grau de responsabilidade social das entidades intergovernamentais e sua capacidade de produção ou criação legislativa.

A sistematização, sob a ótica do Direito Constitucional, contribui para a definição das competências constitucionais da educação na mediada em que vai definindo os atores agentes ou coadjuvantes nos processos educativos previstos na legislação do ensino.

Tendo em vista cada um dos membros da Federação, a Constituição Federal previu duas espécies de competências para legislar: a União tem competência privativa e concorrente; os Estados e o Distrito Federal têm competência concorrente e suplementar; e os Municípios têm competência para legislar sobre assuntos de interesse local e para suplementar a legislação federal e estadual.

A Constituição Federal de 1988 alterou profundamente o sistema de competências educacionais. A parte global da matéria educacional pode ser legislada nas três esferas federativas: federal, estadual, distrital e municipal. Isto é, a concepção "educação" não ficou apenas na competência da União.

As competências educacionais são repartidas entre a União, os Estados e os Municípios.

Os Estados têm competência sem que se precise provar que o assunto é de interesse estadual ou regional. Os Municípios precisam articular sua competência suplementar (art. 30, II, da CF), onde essa suplementariedade é "no que couber", com o inciso I do mesmo artigo 30, que estabelece a competência natural dos Municípios de "legislar sobre assuntos de interesse local". Os Estados só encontrarão barreiras para legislar em matéria educacional, quando existir ou vier a existir norma geral federal. Neste caso, deverão articular suas legislações com a legislação privativa da União.

Com a promulgação da Constituição Federal em 1988 criou-se campos legislativos diversos: o da generalidade, o da peculiaridade e o da localidade. Isto é, interesse geral, interesse peculiar e interesse local que são os campos respectivos da atuação legislativa da União, dos Estados e dos Municípios.

Segundo o artigo 24, § 2º da Constituição Federal "a competência da União para legislar sobre normas gerais não exclui a competência suplementar dos Estados".

Suplemento é o que supre isto é, exprime a ação e efeito de suprir ou de complementar o que falta em alguma coisa para que mostre perfeita. No conceito jurídico, segundo Silva (1990; 71), as leis supletivas "são as normas jurídicas instruídas para que supram a vontade das pessoas, quando não a manifestam ou a manifestam incompletamente".

Portanto, não se suplementa a legislação que não existe Não se suplementa uma regra jurídica simplesmente pela vontade de os Estados inovarem diante da legislação federal.

A capacidade suplementária está condicionada à necessidade de aperfeiçoar a legislação federal ou diante da constatação de que existem lacunas ou imperfeições na norma geral federal.

O § 4º do artigo 211 da constituição estabelece que na organização de seus sistemas de ensino, a União, os Estados, o Distrito Federal e os Municípios definirão formas de colaboração, de modo a assegurar a universalização do ensino obrigatório.

3.2 – Legislação educacional e seus reflexos na educação a distância

O momento vigente é de uma era em que a informação flui a velocidades surpreendentes e em grandes quantidades, transformando profundamente a sociedade e a economia. As mudanças experimentadas são tão intensas que o tempo e o espaço desapareceram como dimensões significativas do pensamento e da ação humana.

Os conceitos de tempo e espaço são agora entendidos sob uma lógica não temporal e não geográfica.

A informação está em toda parte e pode ser obtida a qualquer hora, em decorrência das novas tecnologias, que modificaram também as relações de aprendizagem, possibilitando o renascimento da Educação a Distância (EAD).

Um dos grandes desafios é entender adequadamente essa legislação a fim de dar a segurança e garantir a qualidade a todos os processos, segundo a intenção do legislador.

A legislação abre caminhos para interpretações, o que pode ser visto como positivo: entretanto, para que ela seja satisfatória e integrada ao contexto educacional é essencial o conhecimento dos direitos, deveres e das consequências das violações, cometidas por aqueles que, de alguma forma, devem segui-la e optam por não fazê-lo.

Visando assegurar a qualidade do processo de educação a distância, inúmeros decretos, leis e portarias são constantemente escritos, avaliados e atualizados. O decreto nº. 5.622, de 20 de dezembro de 2005, que regulamenta o Art. 80 da LDB de 1996, apresenta a seguinte definição para a modalidade:

Art. 1º (...) caracteriza-se a educação a distância como modalidade educacional na qual a mediação didático-pedagógica nos processos de ensino e aprendizagem ocorre com a utilização de meios e tecnologias de informação e comunicação, com estudantes e professores desenvolvendo atividades educativas em lugares ou tempos diversos. Desde o surgimento da EAD até os dias atuais, diferentes meios e tecnologias de informação e comunicação foram incorporados como suporte às propostas pedagógicas, tais como: impressos, rádio, televisão e Internet, promovendo uma flexibilização do espaço e do tempo que oportuniza a formação adequada dos alunos. Assim é que, especificamente na modalidade a distância, na qual a presencialidade e a relação de tempo é modificada e tecnologias adicionais são incorporadas ao processo, para que a aprendizagem aconteça, o estudante deve ter ou desenvolver características, como: organização, (auto)motivação, proação, determinação, autonomia e disciplina. Considerando o modelo tradicional, presencial, há um histórico de ensino com muito pouco incentivo para o desenvolvimento dessas capacidades (se considerarmos a grande maioria das instituições), sendo os alunos insuficientemente estimulados, por inúmeras razões, a participar da construção do conhecimento de forma crítica e autônoma. Na modalidade a distância, desde o início o aprendiz depara-se com a responsabilidade pela sua própria aprendizagem e, neste ambiente, a figura do Tutor torna-se peça fundamental.

5. *Aplicabilidade da legislação da educação superior: teoria e prática*

As contribuições da lei nº 9.394, de 20 de dezembro de 1996, que estabelece as diretrizes e bases da educação nacional, representa um grande avanço na organização do sistema educacional brasileiro. Desde sua promulgação, a LDB gera debates a respeito da educação nesse país, além de receber muitas críticas pela forma como foi concebida. Segundo Frigotto e Ciavatta (2006, p. 268 - 269), a nova Lei de Diretrizes e Bases da Educação Nacional tem a característica "minimalista" e foi promulgada sem vetos porque representava a vontade do Governo FHC. Essa característica permite ao Executivo ampla liberdade na definição da política que deseja implantar, na regulamentação dos diversos artigos da LDB e nas alterações operacionais a serem executadas. Apesar das críticas, há de se considerar que a LDB de 1996 foi um marco na história educacional brasileira. É fato que muitos artigos ainda não saíram da legislação para serem colocados em prática. No entanto, a importância da LDB se encontra na sua representatividade como forma de organização da oferta de educação no país. As legislações são mais que documentos jurídicos, elas expressam a luta política pela educação. Portanto, se faz necessário que haja uma reflexão a respeito de como as leis são elaboradas, para quais propósitos, e ainda, o contexto histórico no qual uma lei é criada, antes de estabelecer críticas tão pesadas. Lamentavelmente, na realidade brasileira, muitas "instituições promovem uma recontextualização das normas em suas realidades específicas e, assim, as reconstroem no âmbito de outras disputas travadas em seu próprio interior" (FRIGOTTO E CIAVATTA, 2006, p. 283). Esse tipo de desvio é oriundo da contraditória "relação entre Estado e sociedade civil, estruturas burocráticas e estruturas pedagógicas, dirigentes institucionais e comunidade escolar" (idem). É fato que "nenhuma reforma se implanta tal como foi concebida, ainda que se desenvolva sob a hegemonia de um ideário político- pedagógico" (idem, p. 284). Os autores deixam claro que há uma distância entre a criação de uma lei e sua implantação. Muitos fatores estão envolvidos diretamente para que a LDB realmente seja cumprida em excelência. E o mais significativo deles é o material humano, são os atores educacionais. O nível de comprometimento desses profissionais para com a educação é que dita as formas e a magnitude com as quais uma lei será implantada verdadeiramente na realidade educacional desse país. 2 BREVE HISTÓRICO DA EDUCAÇÃO DE JOVENS E ADULTOS A partir da década de 30, a alfabetização de adultos começou a se apresentar como um sistema público de educação. Era um período de transformações nos centros urbanos, devido a industrialização. Mas foi após o término da ditadura do Presidente Vargas, que essa modalidade de ensino ganhou destaque. Sobretudo devido ao contexto social da época, era fim da Segunda Guerra Mundial, e a preocupação da sociedade se voltava para a integração dos povos, promoção da paz e da democracia, texto pregado inicialmente pela Organização das Nações Unidas ? ONU (RIBEIRO, 2007). As críticas a Educação de Jovens e Adultos já preponderavam na década de 50 e eram dirigidas a administração financeira e a orientação pedagógica, lamentavelmente, esta última permanece até hoje. Segundo as críticas o método de ensino utilizado gerava um aprendizado superficial. Nos anos 40, a Educação de Adultos era considerada uma extensão da escola formal, principalmente para zona rural, afirma Freire (apud Gadotti, 1979, p. 72). Quando a educação de Adultos passou a ser considerada como uma educação de base, nos anos 50, "surgiram duas tendências significativas, a Educação de Adultos entendida como uma educação libertadora pontificada por Paulo Freire e a Educação de Adultos entendida como educação funcional". Em 1967 foi promulgada a Lei nº 5.379 que criou o Movimento Brasileiro de Alfabetização ? MOBRAL, o objetivo do movimento era alfabetizar jovens e adultos, principalmente na área rural. O programa foi extinto em 1985 pela Nova República, sob a justificativa da criação da Fundação Educar, o que aconteceu no ano de 1989. 3 UM PARALELO ENTRE AS DETERMINAÇÕES DA LDB E SUA REAL APLICAÇÃO A Lei de Diretrizes e Bases da Educação Nacional, nº 9.394/96, traz em seu Título V, Capítulo II, Seção V, dois artigos que tratam da Educação de Jovens e Adultos. No entanto, será discutido aqui somente o artigo 37. Art. 37 - A educação de jovens e adultos será destinada àqueles que não tiveram acesso ou continuidade de estudos no ensino fundamental e médio na idade própria. § 1º Os sistemas de ensino assegurarão gratuitamente aos jovens e aos adultos, que não puderam efetuar os estudos na idade regular, oportunidades educacionais apropriadas, consideradas as características do alunado, seus interesses, condições de vida e trabalho, mediante cursos e exames. A nova LDB demonstra, portanto, preocupação com a oferta de educação para os indivíduos que não tiveram a oportunidade de concluir os seus estudos na idade própria. Trata-se de um avanço na tentativa de aniquilar com analfabetismo no país, embora que ao se falar de educação para todos, as imposições da lei ainda não se apresentam com plenitude. A Educação de Jovens e Adultos não tem apresentado experiências satisfatórias e vem se revelando incapaz de cumprir os objetivos a que se propõe. No que se refere a garantir a matrícula dos alunos, a função da EJA está sendo cumprida, mas com relação a permanência desse alunado na escola, os resultados são insatisfatórios. Segundo dados do Instituto Brasileiro de Geografia e Estatística (IBGE, 2007), 42,7% das 8 milhões de pessoas que cursaram EJA abandonaram o curso antes do término. Alguns dos motivos apresentados pelo abandono foram a incompatibilidade do horário das aulas com o horário de trabalho; falta de interesse em fazer o curso; dificuldade de acompanhar o curso e a inexistência do curso próximo à residência. A taxa de analfabetismo no país é o outro fator que nos autoriza a desconfiar da eficácia da EJA. De acordo com dados divulgados pelo IBGE, com base na Pesquisa Nacional por Análise de Domicílios ? PNAD

2008, a taxa de analfabetismo no Brasil é de 10%. No entanto, "quando se calcula o analfabetismo no Brasil tendo como base o critério de letramento da sociedade "o índice cresce assustadoramente." (SOARES, 2004). Segundo afirma Lewin (1990, p. 25), Mesmo que se possa conceituar o analfabetismo como uma questão de escassez educacional, insuficiência ou inexistência de escolaridade, é esta, dentre várias formas possíveis de definir o analfabetismo. Porém, é mais do que isso. É, sobretudo, um fenômeno de exclusão social e de marginalização econômica; de compulsório afastamento político e de subtração do gozo dos benefícios sociais e dos direitos civis; de impedimento ao acesso às várias formas de expressão da cultura erudita e, paralelamente, de desvalorização do popular e do seu patrimônio cultural. O parágrafo 2º do artigo em questão determina que compete ao Poder Público viabilizar e estimular "o acesso e a permanência do trabalhador na escola, mediante ações integradas e complementares entre si." Em se tratando do acesso desse alunado na escola, aparentemente a lei está sendo cumprida. Nos dados do Censo Escolar 2008, divulgado pelo Ministério da Educação, através do Instituto Nacional de Estudos e Pesquisas Educacionais Anísio Teixeira ? Inep, constam que no ano de 2008, 4.945.424 matrículas foram efetuadas na modalidade EJA, e no ano de 2009 foram 4.661.332, uma diferença de -284.092 matrículas, variação de ? 5,7. É fato que os governantes brasileiros vem apresentando, além de dados, inúmeros programas, durante anos, na tentativa de combater o analfabetismo no país. No entanto, nenhum desses programas apresentou resultados satisfatórios até o momento. Já se passou meio século desde o primeiro dele, intitulado como Campanha de Educação de Adolescentes e Adultos, lançado em 1947 no Governo de Eurico Gaspar Dutra, até o Programa Alfabetização Solidária, de 1997, no governo de Fernando Henrique Cardoso. "Esse grande número de experiências nos indica que a erradicação do analfabetismo é uma meta factível, mas que exigirá um grande esforço nacional, a exemplo do que ocorreu em outros países, inclusive mais pobres que o Brasil e que conseguiram extingui-lo." (INEP, pg. 12). Além dos dados apresentados, a falta de qualificação dos alfabetizadores que atuam no programa de Educação de Jovens e Adultos (EJA) é outro fator que também contribui para a sua ineficácia. Pois, ao contrário do que se pensa "alfabetizar um jovem, ou adulto, que já traz uma, ou várias experiências de fracasso na sua vivência escolar, não é tarefa simples, que possa ser executada por qualquer pessoa sem a devida qualificação e preparação." (INEP, p. 11). O aluno da EJA não é um estudante universitário ou um profissional qualificado que frequenta cursos de formação continuada ou especialização, ele é geralmente o imigrante que chega às grandes metrópoles proveniente de áreas rurais empobrecidas, filho de trabalhadores rurais não qualificados e com baixo nível de instrução escolar (muito freqüentemente analfabetos), ele próprio com uma passagem curta e não sistemática pela escola e trabalhando em ocupações urbanas não qualificadas, após experiência no trabalho rural na infância e na adolescência, que busca a escola tardiamente para alfabetizar-se ou cursar algumas séries do ensino supletivo (OLIVEIRA, 1999, p.59). Por se tratar de um público que apresentada características peculiares, é necessário que a abordagem metodológica se adeque a ele.

6. *As funções normativas do poder público*

A teoria da tripartição de poderes realça a noção de separação de poderes graças à influência de Montesquieu que fala em uma absoluta separação dos poderes. No entanto, ela também é calcada da noção de checks and balances, introduzida pelo constitucionalismo norte-americano.

Segundo a teoria da separação de poderes, o Estado, na atuação de seu poder, exerce três funções distintas, quais sejam, a função legislativa, a função executiva e a função jurisdicional. A função legislativa do Estado corresponde à fixação, em lei, da vontade dos representantes do povo, prescrevendo comandos jurídicos em termos gerais e abstratos, aplicáveis a todos os cidadãos de uma determinada comunidade política, conforme definição do texto-base. Já as funções jurisdicional e administrativa corresponderiam à aplicação da legislação aos concretos.

No entanto, a função jurisdicional pressuporia um conflito de interesses ou litígio, com a atuação do Estado-Juiz como terceiro imparcial e inerte, uma vez que atua apenas após provocação pelos interessados no conflito, que ditaria o direito do caso concreto. Por sua vez, a função administrativa seria uma função de aplicação do direito a casos concretos em que a Administração é uma das partes interessadas, com capacidade de agir de ofício, sem necessária imparcialidade, cujos atos poderiam ser revistos pelo órgão encarregado da função jurisdicional, desde que provocado pelo interessado.

Ademais, alguns autores mencionam a existência da chamada função de governo1, que seria aquela relacionada com as grandes questões políticas, tanto internas quanto externas, em termos de fixação em grandes linhas das ações públicas, enquanto que função administrativa seria aquela relacionada com os assuntos mais correntes, tais como a prestação de serviços públicos quanto à coleta de lixo, ao fornecimento de energia elétrica etc.

Tanto a função administrativa quanto a função de governo estão concentradas no âmbito do Poder Executivo, o que torna a tarefa de diferenciá-las uma questão bastante complexa.

Idealmente, a teoria da separação dos poderes imaginou a existência de estruturas orgânicas distintas e separadas, no âmbito do Estado, para o exercício de cada uma das funções públicas. Tais estruturas orgânicas correspondem ao que se convencionou chamar de Poder Executivo, Poder Legislativo e Poder Judiciário, aos quais seria atribuído o exercício das funções típicas de administrar, legislar e julgar, respectivamente.

Entretanto, é preciso esclarecer os termos dessa divisão, pois afirmar a divisão dos poderes não implica uma distinção absoluta, já que é sabido que qualquer um dos poderes exerce, em certa medida, as funções legislativas, executivas ou judicantes. Assim, por exemplo, no que se refere à função legislativa, a Administração exerce o poder regulamentar (art. 84, IV, CF/88) e até normativo primário, por intermédio das Medidas Provisórias (art. 62, CF/88) e quanto à função judicante, considere-se o exemplo do procedimento administrativo disciplinar no âmbito da Administração Pública (art. 143 da Lei n. 8.112/93). Por outro lado, o Legislativo e o Judiciário exercem atividade administrativa quando, por exemplo, regulamentam temas como a organização de seus serviços e órgãos internos (arts. 51, IV, 52, XIII, e 96, I, alínea "b", da Constituição Federal). Assim, o que se tem é o exercício de funções típicas e atípicas (não exclusivas).

Além disso, o sistema constitucional brasileiro contempla variantes que não se adéquam perfeitamente a essa visão tripartida dos poderes, em especial quando se trata do exercício de função administrativa, como por exemplo, os Tribunais de Contas e o Ministério Público, os quais exerceriam função tipicamente administrativa.

Conforme indicado acima, é parte da teoria da separação de poderes também a existência de interferências de um poder sobre o outro, de forma a evitar seu exercício desmedido e descontrolado, mecanismo que, no Direito Constitucional Americano, foi convencionalmente chamado de checks and balances. Assim, por exemplo, é dado ao Poder Executivo, no Brasil, interferir na atividade legislativa, pelos institutos da sanção e do veto (art. 66, CF/88), e na atividade judicante, por meio da indicação e da nomeação dos magistrados dos Tribunais Superiores, com respaldo do Senado Federal (art. 84, XIV, CF/88).

Em contrapartida, o Poder Legislativo exerce sobre o Poder Executivo os seguintes mecanismos de fiscalização: aprovação das leis de diretrizes orçamentárias, do plano plurianual e do orçamento anual (art. 166, CF/88); a fiscalização contábil, financeira, orçamentária, operacional e patrimonial com o apoio do Tribunal de Contas (art. 70 e seguintes, CF/88); o processo e julgamento do Presidente da República, do Vice-Presidente da República e dos Ministros de Estado por crimes de responsabilidade (art. 52, I, CF/88) e o uso das Comissões Parlamentares de Inquérito (art. 58, parágrafo 3, CF/88). Por fim, o Poder Judiciário exerce o controle de legalidade e de constitucionalidade tanto sobre o Executivo quanto sobre o Legislativo.

Um dos pontos do Direito Público que mais tem desafiado os juristas e operadores do Direito no mundo contemporâneo é a multiplicação das normas genéricas

e abstratas editadas por órgãos e entidades não integrantes do Poder Legislativo, que, se por um lado, nos leva à reavaliação dos contornos das funções que este hoje possui, por outro, faz com que procedamos à revisão conceitual do próprio Poder Executivo, historicamente concebido como um gestor dos assuntos públicos, subalterno e executor das decisões do Parlamento.

Já em 1965, Vicente Ráo reconhecia que não havia" como se desconhecer que a maior extensão dos deveres do Estado moderno, para além da ordem estritamente jurídica, exige se lhe confiram novos poderes, para o exercício dos quais há de se apresentar instrumentalmente aparelhado, a fim de poder exercer as suas funções a tempo e com eficiência. (...) Tem-se sustentado ser necessário que o Governo possua e mantenha em atividade um sistema adequado de meios e instrumentos de disciplina equacionado com a especialização e a complexidade crescente dos problemas sociais e particularmente dos problemas econômicos contemporâneos. E mais se tem dito e vem dizendo que esses meios e instrumentos devem possuir flexibilidade bastante para prevenir ou remediar tempestivamente as crises ocorrentes, o que jamais se conseguiria obter se a ação do Estado devesse depender só e sempre das insuficiências e das delongas dos processos legislativos tradicionais, ou seja, das assembleias constituídas por centenas de membros em sua maior parte desprovida de conhecimentos técnicos especializados e atentos, as mais das vezes, aos interesses das forças que os elegeram do que às necessidades reais da nação."

Ao adentrar no tema, não menosprezaremos a importância dos princípios da separação dos poderes e da legalidade, mas tentaremos libertá-los do véu mítico que às vezes os encobre.

Marcadamente após a 2ª Guerra Mundial, quando as atividades estatais adquiriram, frente a uma realidade tecnicizada e cambiante, inédita complexidade, a normatização social passou a ser crescentemente exercida por órgãos não integrantes do Poder Legislativo, mormente por órgãos e entidades da Administração Pública.

O panorama é amplíssimo, abrangendo desde órgãos centralizados da Administração Direta e antigas instituições, como as universidades, até as recentes agências reguladoras.

Os poderes regulamentares conferidos à Administração Pública não apenas são inúmeros, abrangendo a maior parte dos setores da vida social, como, pelos termos bastante genéricos em que são conferidos, são exercidos com elevado grau de liberdade.

Mais uma vez confirma-se a assertiva de que toda importante questão de direito público chega, mais cedo ou mais tarde, ao, tão antigo quanto polêmico, princípio da separação dos poderes.

Por ora, devemos observar que a Teoria de Montesquieu, historicamente contextualizada nos séculos XVII e XVIII, além de ter sido objeto de interpretações radicais e absolutas, não contempladas pelo próprio autor, nunca foi aplicada em sua inteireza.

Em primeiro lugar, não existe uma separação de poderes, mas muitas, variáveis segundo cada Direito positivo e cada momento histórico.

Se retirarmos o caráter dogmático e sacramental impingido ao princípio, ele poderá, mantendo a substância, ser colocado em seus devidos termos, ou seja, como divisão das atribuições do Estado entre órgãos distintos, ensejando uma salutar divisão de trabalho e um empecilho à historicamente perigosa concentração de poderes.

Ele não é capaz, contudo, de levar à conclusão de que cada um destes distintos órgãos-Poderes só possa exercer uma das três funções tradicionalmente consideradas - legislativa, executiva e judicial. E mais, também não é capaz de fazer com que todas as funções do Estado devam necessariamente se subsumir a apenas uma destas três principais espécies classificatórias de funções estatais.

As considerações de Karl Loewenstein a respeito da forma com que o princípio da separação dos poderes deve ser hodiernamente enfocado são muito esclarecedoras:

> "O que na realidade significa a assim chamada 'separação de poderes', não é, nada mais nada menos, que o reconhecimento de que, por um lado, o Estado tem que cumprir determinadas funções - o problema técnico da divisão do trabalho - e que, por outro, os destinatários do poder sejam beneficiados se estas funções forem realizadas por diferentes órgãos: a liberdade é o telos ideológico da teoria da separação de poderes. (...) O que, comumente, ainda que erroneamente, se costuma denominar como a separação dos poderes estatais, é na verdade a distribuição de determinadas funções estatais a diferentes órgãos do Estado. O conceito de 'poderes', apesar de estar profundamente enraizado, deve ser entendido neste contexto de uma maneira meramente figurativa. Na exposição a seguir se preferirá a expressão 'separação de funções' a de 'separação de poderes'."

Prossegue o constitucionalista, observando que" é necessário ter bem claro que o princípio da necessária separação das funções estatais segundo seus diversos elementos substanciais e sua distribuição entre diferentes detentores, não é nem essencial para o exercício do poder político, nem se apresenta como uma verdade evidente e válida para todo tempo. O descobrimento ou invenção da teoria da separação de funções foi determinada pelo tempo e pelas circunstâncias como um protesto ideológico do liberalismo político contra o absolutismo monolítico da monarquia nos séculos XVII e XVIII."

Similar tratamento à separação de poderes é dado por Reinhold Zippelius ao afirmar que a 'clássica' divisão dos poderes assenta na distinção entre os âmbitos funcionais mais importantes do Estado. Os objetivos supremos da atividade do Estado devem ser permanentemente elaborados, revistos, harmonizados entre eles, e modificados na medida do necessário.(...) Desta maneira se projetam antecipadamente futuros modelos de ordenação e planos de ação relativos à política interna e externa. Tudo isto, que vai para além da mera execução das leis, é tarefa do governo que, como suprema atividade diretiva do Estado, não se encaixa, portanto, sem problemas no esquema 'legislação, jurisdição e poder executivo'."

Com efeito, "na atualidade o sistema de divisão e limitação dos poderes se desenvolveu a partir de vários pontos de vista, não apenas na conhecida e tradicional trindade da divisão horizontal de acordo com as funções mais importantes: legislativo, executivo e judicial. Mas também entram em jogo a configuração de unidades de decisão e órgãos coletivos, a autonomização de instituições específicas não submetidas a instruções, e a constituição ainda de instâncias de controle tampouco submetidas a instruções, a margem da divisão tripartite" clássica".

A separação de poderes deve ser vista atualmente sob o prisma do pluralismo da nossa sociedade, que "tem o significado de colocar perante várias instâncias da máquina estadual as reclamações ou o apoio de vozes diferentes. E assim resulta numa potenciação da divisão de poderes organizatória interna do Estado, que ganha outra vez o valor duma divisão política. Só que em vez da fórmula do século XIX de uma separação taxante entre pretendentes ao poder, cada um com o seu veículo de expressão numa "função" do Estado, vamos encontrar um sistema bem mais complexo e subtil (...). O pluralismo social vem assim a integrar-se num quadro alargado de separação de poderes, e representa uma função positiva na organização dum estado moderno."

Na doutrina brasileira, Bilac Pinto, em obra pioneira, asseverou que "o fato da outorga, pelo Estado moderno, de funções normativas e jurisdicionais a outros órgãos além dos que as monopolizaram, até o fim do século passado (Poder Legislativo e Poder Judiciário), constitui fenômeno universal, cujas proporções se avolumam cada vez mais."

Com escusas pelas citações, acreditamos ter demonstrado que, se relativizada a idéia" clássica" e absoluta de separação dos poderes, o amplo poder regulamentar dos órgãos e entidades da Administração Pública em nada contraria a divisão de funções estabelecida pelas constituições contemporâneas e os valores do Estado de Direito, que, afinal, constituem o principal parâmetro da admissibilidade ou não do exercício de distintas funções estatais pelo mesmo órgão-Poder. Espancando quaisquer perplexidades, o clássico JEAN DABIN, com percuciência, asseverou: "Se idealmente fundada a distribuição de funções entre instituições ou órgãos distintos e independentes, ela não possui. todavia. senão um valor de meio. não de um dogma, o que vale dizer que o princípio comporta uma série de exceções. As exceções serão justificadas, em primeiro lugar, toda vez que razões de interesse geral as imponham. A hipótese é bastante frequente, mas sempre especial.

Normalmente, por outro lado, do ponto de vista teórico, a solução derrogatória é aplicada ou pela história das instituições ou por considerações de oportunidade."

7 – *Regulação do ensino superior no contexto da contemporaneidade*

Não há como compreender as transformações da educação, no âmbito da globalização e da internacionalização do ensino superior, sem levar em conta as práticas de avaliação. Os governos atuais vêm atribuindo à avaliação um papel importante na reforma dos sistemas educativos onde ela é vista como instrumento de legitimidade de poder em muitos países e eficaz organizadora de reformas em educação. Essas reformas se relacionam com as grandes metas sociais e econômicas de cada país que, por sua vez, estão também relacionadas ao processo de globalização que afeta, direta ou indiretamente, as Instituições de Educação Superior (IES) em suas práticas e finalidades.

Na atualidade, observa-se o predomínio da educação superior privada no sistema federal, quando comparada com o setor público, representando 89,4% das IES, 88,6% do total de vagas ofertadas e 73,6% do total de matrículas em nível de graduação presencial (INEP, 2011b). Diante dessas constatações, assume-se neste artigo que as políticas públicas para a educação superior em termos de avaliação, regulação e supervisão envolvem predominantemente as IES privadas.

Porém, essa regulamentação, da maneira como se estabeleceu, tem produzido efeitos negativos para a educação superior, principalmente as múltiplas formas de interferência na gestão universitária das IES. Como, por exemplo, a obrigatoriedade do Plano de Desenvolvimento Institucional (PDI), sem, contudo, avaliar a sua efetividade prática ou se as IES têm condições para construir e realizar um PDI com coerência. Com isso, constata-se que a dinâmica gerencial das IES, em relação às políticas públicas, assume uma lógica formalística (RIGGS, 1964, 1968) em que o processo de avaliação, supervisão e regulação tem como fundamento atender ao que prescreve a norma e não ao que, de fato, é relevante: a qualidade da educação superior e o desenvolvimento do discente.

Acredita-se que a mudança desta realidade passe pela necessidade de mobilização da sociedade para questionar esse modelo de regulamentação para que a causa educacional em termos da qualidade dos serviços prestados pelas IES públicas e privadas seja efetiva e não meramente um discurso formalístico. Nessa direção, após expor a lógica formalística como o principal empecilho para essas mudanças, propõe-se como contribuição final a realização de discussões adicionais, a partir daqui, sobre como operacionalizar a superação dessa lógica formalística. Uma alternativa, por exemplo, talvez seja uma maior presença in loco dos representantes do Estado, não somente para assumir os papéis de avaliadores, reguladores e supervisores, mas, principalmente, atuando como educadores preocupados em compreender o contexto em que o processo educacional se desenrola em suas múltiplas dimensões, para, a partir dessa compreensão, atuar em conjunto com as IES no desenvolvimento de alternativas efetivas para a

melhoria da qualidade dos serviços educacionais prestados. É recomendável que essa presença do Estado ocorra de forma espontânea e não programada; sem data e hora marcadas; nem longos períodos cíclicos de vários anos para sua realização; que se materialize com a participação dos discentes e docentes que vivenciam o cotidiano, pelo menos até que a sociedade brasileira tenha uma estrutura formal amadurecida, em termos de aspectos econômicos, administrativos e políticos no qual o formal e a prática se aproximam na instância institucional. Mas esse caminho, como diversos outros possíveis, têm muitas implicações a ser discutidas em outros estudos.

A educação está inserida no contexto da sociedade industrial e, mais recentemente, no contexto da sociedade pós-industrial embalada pelo crescimento das indústrias culturais, cuja característica principal é a produção e a difusão de bens culturais ocupando o lugar de destaque que era ocupado pelos bens materiais na sociedade industrial.

Na sociedade unidimensionlizada, prevalece, segundo Marcuse (1973), a "consciência feliz" sem deixar, em qualquer hipótese, transparecer a consciência de culpa. Segundo este autor, "a consciência feliz – a crença em que o real seja racional e em que o sistema entrega as mercadorias – reflete o novo conformismo, que é uma faceta da racionalidade tecnológica traduzida em comportamento social." (1973, pág. 92). Estas colocações, a nosso ver, aplicam-se ao processo de produção da educação, em que a concepção adotada muitas vezes leva a crer que o real é racional e, principalmente o universitário é tratado como um consumidor qualquer só que a mercadoria consumida é a educação.

A educação, atualmente, deve ser pensada no âmbito da indústria cultural, que entende que um o conhecimento é uma mercadoria integrada ao sistema de produção da sociedade, dando a ideia de que ele resulta na condição de uma categoria posta, como tal, a serviço de alguma ideologia.

É preciso alertar que a Indústria Cultural mistura arte popular, religião e filosofia com anúncios de propaganda reduzindo como bem argumenta Marcuse (1975), "ao seu denominador comum a forma de mercadoria". O ensino, no âmbito da ótica neoliberal da produtividade, passa ser avaliada enquanto mercadoria, enquanto produto quantificável, mensurável, determinado pela relação custo-tempo-benefício, isto é, enquanto valor de troca.

Existe uma tendência muito forte em considerar a qualidade das Instituições de Ensino Superior seja medida apenas como se fosse uma mercadoria, um valor de troca inserido no contexto da relação tempo-custo-benefício, sem levar em consideração a especificidade do tempo do conhecimento e sua distinção em relação ao tempo da mercadoria. Criam-se verdadeiras empresas educacionais com vultosos valores Econômicos. Alguns frutos de fusão dos negócios. As fusões de empresas educacionais só não teriam sido maiores porque grande parte das instituições de ensino superior incorporáveis possui baixo nível de governança gerencial ou alto grau de informalidade, o que assustaria o investidor estrangeiro. Segundo SGUISSARDI (2008, pág. 1005), "para resolver essa questão, criaram-se, nos anos recentes, diversas firmas de consultoria especializadas em preparar as IES para serem incorporadas por organizações nacionais ou internacionais."

Com base no Censo da Educação Superior pode-se afirmar que após a Constituição Federal de 1988 houve, em termos quantitativos, uma considerável evolução na educação superior brasileira representada tanto pelo aumento da quantidade de Faculdades, Centros Universitários e Universidades quanto pelo acesso de pessoas, sobretudo jovens, ao ensino superior. Nesse sentido, a educação cumpre o seu papel na sociedade, ou seja, de inclusão social.

A política regulatória para a educação superior vem passando por mudanças significativas desde a década de 198017. Em 1996, com a edição da Lei de Diretrizes e Bases da Educação Nacional (LDB) no governo Fernando Henrique, este processo se acelerou. Revisões e alterações do "marco regulatório" da educação superior também foram realizadas pelo Governo Lula e têm se mantido com o Governo Dilma, inclusive com proposta de criação de agência reguladora específica para o setor.

Esta seção busca analisar o andamento histórico do processo de criação de uma regulação específica para o setor educacional.

A transição do regime imperial para o republicano no

Brasil foi feita sob inspiração liberal, pautada na liberdade de atuação da iniciativa privada para produzir e comerciar, queixosos de que suas demandas, quando não precisavam submeter-se ao "beija-mão", precisavam superar a burocracia instalada (Holanda, 1985).

Àquela altura, a educação superior era assunto-tabu, sobretudo porque a discussão vigente era sobre a pertinência de se criar no Brasil universidades. No decorrer do século XIX, foram rejeitados quatro projetos, públicos e privados, em 1823, 1825, 1870 e 1881, todos negados pela Comissão de Instrução Pública. (Nunes; Barroso e Fernandes, 2009). A justificativa oculta, e não menos oficial era a de que o letramento dos brasileiros poderia ser prejudicial aos interesses do Governo, já que a independência intelectual era/é o cimento da emancipação política dos subordinados. A rejeição a esse tipo institucional manteve-se até o final do Império19; políticos e elites, influenciados pelo movimento positivista, consideraram-na lócus de um saber ornamental. Daí que a preferência dos governos, mundo afora, inclusive no Brasil, era criar Academias do Comércio e Escolas Politécnicas, para ensino profissional de habilidades exigidas pelo comércio e indústria. (Medeiros e Albuquerque, 1904 e Cunha, 1980).

Excetuando-se os cursos que conduziam às profissões imperiais (Direito, Medicina e Engenharias), todas ministradas em instituições mantidas pelo Estado desde 1.808, cuja criação foi justificada muito mais por causa da migração da Coroa para o Brasil, que deveria estar preparado para dar assistência à nova elite, os demais cursos que não conduziam a profissões liberais, eram apenas tolerados não incentivados, tratados como iniciativas livres, a dispensar o reconhecimento do Estado (Coelho, 1999). Por mais de 80 anos desde a chegada da Coroa, os cursos de Direito, Medicina e Engenharia compunham a totalidade do sistema de instrução superior. A atuação da iniciativa privada era uma demanda que ganhava espaço na agenda do Partido Liberal, ao ponto de se impor o debate público. Em 1880 havia, segundo Barreyro (2008), 2.300 estudantes na instrução superior. Dois anos depois (13/04/1882) Ruy Barbosa apresentava extenso parecer à Comissão de Instrução Pública do senado com o intuito de rever aspectos restritivos do Decreto no 7.247/1879, especialmente quanto às liberdades permitidas, até então, concedidas apenas às Ciências Médicas e Jurídicas. Os pontos cardeais desta reforma são resumidos por Bastos (2000) como sendo a permissão a particulares para o ensino de disciplinas ministradas nos cursos superiores oficiais; regularização das "faculdades livres", mantidas por associações de particulares, após sete anos consecutivos de funcionamento, entre outros.

Embora o decreto de 1879 assegurasse que era "completamente livre o ensino primário e secundário no município da Côrte e o superior em todo o Império, salvo a inspeção necessária para garantir as condições de moralidade e hygiene" (art 1°) efetivamente, por volta de 1889, ano da Proclamação da República, eram apenas 19 os cursos superiores reconhecidos pelo Estado. Pesquisa feita por Coelho e Vasconcelos (2009) informa que "até o final do século XIX existiam 24 IES (...) com cerca de 10.000 estudantes". Também informa que nos dez anos seguintes foram criados no Brasil, apenas, 17 novos cursos superiores, totalizando 35 cursos.

Da proposta relatada por Ruy Barbosa resultou o Decreto nº. 1.159, de 3.12.1892, "código das disposições comuns às instituições de ensino superior dependentes do Ministério da Justiça e Negócios Interiores". Basicamente tratava de questões meramente regimentais e de orientações pedagógicas aos cursos de Direito, Medicina, Engenharia e Farmácia, mas garantiu a atuação da iniciativa privada nestes e em outros cursos, denominados "livres".

A partir da análise do aparato jurídico-normativo relativo a avaliação e regulação do ensino superior brasileiro, observa-se que h· uma coerência entre o modelo adotado no Brasil e o que preconiza a literatura mais atual sobre o tema. Do ponto de vista formal, portanto, isso significa dizer que a política estabelecida nas ˙últimas duas décadas reflete duas tendências principais: (i) a participação como princípio da avaliação, avaliativa/ regulatória; (ii) e a utilização de mecanismos de mercado e a competição como elementos importantes do processo de regulação. A própria concepção do Sinaes reflete essas tendências, na medida em que a proposta foi amadurecida a partir da discussão entre pares da academia integrantes da Conaes, que posteriormente veio assumir a coordenação do sistema de avaliação. Por outro lado, a maneira como o procedimento formal se estabelece na prática pode gerar uma série de questões embaraçosas.

Especialmente se levarmos em conta características histórico-culturais de nosso país. No que tange a política de ensino superior, em particular, o histórico brasileiro sugere como referência um sistema movido essencialmente por interesses empresariais com pouca abertura para a efetiva participação social. Essa herança pode indicar uma barreira para que a participação social indicada de forma normativa se efetive, especialmente num contexto onde a expansão de instituíeis de ensino privadas, lastreadas por grandes grupos econômicos, vem se consolidando de forma crescente. A conciliação de interesses públicos e privados num contexto dessa natureza, por certo incorre em uma situação de grande complexidade. O atual quadro da política de ensino superior, portanto, enseja uma série de questões que podem ser exploradas a partir do aprofundamento de temas relacionados, tais como: a participação social no processo de regulação do ensino superior, o financiamento da educação e sua relação com a regulação, a promoção da equidade e acesso ao ensino superior no contexto do quase-mercado, dentre outros. Por fim, destacamos a relevância deste estudo no momento em que o tema da regulação ganha contornos de maior importância. Assim, este texto tem por objetivo contribuir para o enriquecimento da literatura sobre o assunto, bem como servir de subsídio para os atores envolvidos com a temática.

8 - *Avaliação de qualidade da educação superior*

Avaliação e qualidade são dois termos intrinsecamente relacionados quando utilizados na educação. Como Silva (2001) argumenta, a qualidade é o foco central da avaliação, porque qualquer processo avaliativo visa a conhecer a qualidade ou, ao menos, seus indicadores; porém, segundo a autora, a definição conceitual desse termo é complexa.

Ferrer (1999) propõe-se a discutir o conceito de qualidade na educação, argumentando, inicialmente, que polissemia, indefinição e ambiguidade são características do termo "qualidade", quando aplicado a essa área. Desse modo, tem significados diferentes para distintos observadores e grupos de interesse, de maneira que há percepções divergentes acerca do que deveria ser mudado, em termos de garantia da qualidade.

Segundo esse autor, quando se fala de qualidade da educação, está se falando de uma realidade complexa, como um sistema, uma instituição ou curso. Para ele, deve-se reconhecer expressamente a multidimensionalidade do conceito quando aplicado à área educacional, pois, quando falamos da qualidade de um curso ou de uma universidade estamos nos referindo não só a um aspecto, mas a várias dimensões desses contextos. Em uma universidade há, por exemplo, a dimensão da gestão, do corpo docente, do desempenho dos alunos, da pesquisa, da extensão, da estrutura física, entre outras.

Cunha e Wertheim (2001), fazendo menção ao texto que trata das implicações da "Declaração Mundial de Paris" para a política do ensino superior brasileiro, destacam que a qualidade da educação superior é um conceito multidimensional que inclui todas as funções e atividades: ensino, pesquisa, fomento à ciência, pessoal docente, estudantes, estruturas físicas, equipamentos, serviços de extensão à comunidade e o ambiente acadêmico em geral.

Nota-se, portanto, que falar da qualidade de uma instituição ou curso implica, nessa perspectiva, a noção da complexidade estrutural e da multidimensionalidade, no que tange a esses contextos. Essa noção pode representar o cuidado quanto à utilização do termo "qualidade institucional" de modo reducionista, tomando, por exemplo, apenas um aspecto ou dimensão de um contexto como representativo do todo.

Ainda que sejam conhecidas as teorias de gestão da coisa pública e, dentro dela, a que enfatiza a produção e disponibilização de informações aos cidadãos, cabe mencionar que esta tendência escora-se nos postulados do Governo Eletrônico (e-Governo), que se situa na dimensão da produção, armazenamento, tratamento estatístico e uso das informações sob responsabilidade dos órgãos públicos, sob a premissa de que é necessário ampliar o conhecimento dos processos internos da Administração Pública, a disponibilização não só dos produtos e serviços oferecidos pelo Estado à sociedade, mercado e indústria em geral, mas também aos cidadãos. Para tanto, desenvolvem-se ferramentas eletrônicas e tecnologias da informação capazes de reduzir a distância entre governo e cidadãos. Segundo Bucci (2013), no caso da Educação Superior, o próprio Sistema de Fluxo dos Processos de Regulação e Avaliação da Educação Superior (Sistema e-MEC), gerenciado pela Seres/MEC, objetiva ajustar as condutas do MEC, Inep e CNE ao Governo Eletrônico, aos princípios de modernização dos procedimentos e processos administrativos com suporte de ferramentas mais arrojadas.

Para Senra (1998, p. 23) as estatísticas não refletem "os fatos em si mesmos, mas antes uma versão dos fatos". Para este autor, entre os Séculos XVI e XVIII a Estatística prestava-se a reunir dados sobre território, população e riquezas de determinado Governo, a compor o "espelho do Príncipe", contexto no qual os dados visavam amparar a ação dos dirigentes políticos, "inventariando os recursos e as forças do Estado" (p. 10). Ainda segundo esse autor, as estatísticas deixaram de "ser espelho do príncipe para se tornarem espelho da sociedade, fazendo-se fortemente presente na emergência de uma racionalidade governamental, voltada, a um só tempo, em maximizar os benefícios e em minimizar os custos da ação de governo" (SENRA, 1998, p. 12).

As aceleradas mudanças do sistema de educação superior exigiram reformas que pudessem acompanhar a complexidade das atividades e responsabilidades das IES, em âmbito global, com a consequente redefinição dos parâmetros e indicadores de qualidade. Neste contexto, a análise da dinâmica da intervenção estatal, assim como a compreensão de eventuais problemas advindos da ação governamental, são algumas das razões pelas quais organismos como Organização das Nações Unidas para a Educação, a Ciência e a Cultura (UNESCO) e Comissão Econômica para a América Latina (CEPAL) recomendam a produção de indicadores e a avaliação de políticas públicas.

Nesta ótica, as avaliações visam responder a questões centrais, como por exemplo: como e em que circunstancias os objetivos propostos na formulação de programas são alcançados? Quais os motivos que levaram determinados programas a atingir ou não os resultados? As avaliações, pautadas no uso prático da informação, podem encontrar explicações para os resultados observáveis e ajudam a compreender a lógica e dinâmica da intervenção estatal. O propósito da avaliação, nestes casos, é guiar os tomadores de decisão quanto à continuidade, necessidade de correções ou mesmo de suspensão de determinada política ou programa. Os parágrafos seguintes mencionam algumas iniciativas internacionais de políticas para garantia da qualidade na educação superior.

Nos Estados Unidos da América do Norte (EUA), podemos citar as diretrizes do Escritório Governamental de Responsabilização (GAO) formuladas em 2011, órgão vinculado ao Congresso dos Estados Unidos responsável pela auditoria, avaliações e investigações das políticas públicas, avaliações de programas. Tais diretrizes caracterizam-se como estudos sistemáticos, conduzidos periodicamente ou em caráter ad hoc para analisar como um programa está sendo executado. Naquela país, o Instituto de Ciências da Educação (IES3), criado em 2002, é o braço de pesquisa do Departamento de Educação e encarregado de produzir estudos sobre o estado da arte da educação e das políticas correlatas, com avaliação de programas conduzidos com o suporte do Serviço de Estudos de Políticas e Programas (PPSS) no âmbito do Centro Nacional de Avaliação Educacional e Assistência Regional (NCEE). Não obstante, em 2009, o referido Departamento de Educação dos EUA entendeu como necessária uma revisão das atividades de avaliação praticadas buscando aprimorar sua capacidade analítica, produzindo novos indicadores, com a intenção de utilizar o conhecimento disponível de forma mais eficaz.

Na Europa, decorrente dos compromissos sobre avaliação de qualidade da educação superior no âmbito do Pacto de Bolonha, foi criada em 2000, por recomendação do Conselho de Ministros da Educação, a Associação Europeia para Garantia da Qualidade da Educação Superior (ENQA), caracterizada como uma associação de todas as agências europeias de garantia da qualidade. Trata-se de um think tank para pensar e repensar o papel da Quality Assurance (AQ) e das agências. Em 2004 a ENQA foi instada a avaliar sua trajetória, revendo seus estatutos. Entre as principais conclusões do grupo de trabalho, está a de que "a qualidade do ensino superior é uma preocupação partilhada por cada Estado-membro e por todas as instituições de educação superior; que a introdução de métodos eficazes e aceitáveis de garantia de qualidade devem levar em consideração experiências europeias e internacionais e a possibilidade de cooperação". (EUROPEAN UNION, 1998, itens 2 e 3). Podemos destacar, também, que em 2010, por meio do documento "uma década de cooperação europeia em matéria de garantia de qualidade no ensino superior", a ENQA publicou amplo estudo sobre o estado da arte da avaliação e das agências europeias, entre 2000 e 2010.

Ainda na Europa, a meta-avaliação coletiva das agências europeias de garantia da qualidade resultou em um protocolo de cooperação entre os respectivos ministros de Estado, pelo qual se comprometiam em apresentar uma proposta de modelo de avaliação dos pares das agências de garantia da qualidade em nível nacional, respeitando as diretrizes e critérios já consagrados. Igualmente, pactuaram que os aspectos práticos de implementação desta reforma pela ENQA ocorressem em cooperação com a Associação Europeia de Universidades (EUA), além da Associação Europeia de Instituições de Educação Superior (EURASHE) e da União Europeia de Estudantes (ESIB), criando-se o chamado E4 Group. Também se pactuou que todas as agências possuiriam um cadastro público e integrado com dados sobre seus sistemas de ensino. Este registro foi previsto como uma fonte útil de informação fiável e objetiva para qualquer pessoa que queira saber mais sobre as agências de garantia de qualidade atuantes na Europa. Na ocasião, também foram consolidadas as diretrizes para garantia de qualidade no sistema europeu de educação superior.

Por sua vez, na América Latina, em 2003, foi formalizada a criação da Rede Ibero-americana de Garantia da Qualidade na Educação Superior (RIACES), com a finalidade de promover a cooperação e o intercâmbio na avaliação e acreditação entre os países da América Latina, contribuindo para assegurar a qualidade da educação superior na região. Pertencem às RIACES os organismos oficiais de avaliação e acreditação responsáveis pela definição de políticas para o ensino superior nesta área, de cada país latino-americano, e avaliação das organizações sub-regionais de acreditação da qualidade do ensino superior, que tenham sido oficialmente reconhecidas pelas autoridades competentes. Podemos mencionar, por exemplo que em 2012 uma comissão internacional coordenada RIACES e pela Associação Internacional de Agências de Garantia da Qualidade na Educação Superior (INQAAHE) promoveu, a pedido do Conselho Nacional de Acreditação - CNA, da Colômbia, uma avaliação externa das atividades desse órgão, "sobre a sua conformidade com as diretrizes de boas práticas adotadas por essas redes", tendo por base as diretrizes do INQAAHE e RIACES.

Cabe mencionar, ainda, que desde 2007, o Centro Inter-universitario de Desenvolvimento (CINDA), se comprometeu a recolher e divulgar de forma sistemática, informações sobre o desenvolvimento de ensino superior na América Latina. Com o mesmo intuito, em 2010, foi promovida uma avaliação externa do sistema de avaliação da educação superior da Costa Rica, concluindo-se que "a equipe observou que se não na política, mas pelo menos na prática, o Sinaes estava cumprindo o espírito das suas diretrizes" (INQAAHE, 2010). Este compromisso é expresso em relatórios gerais sobre o ensino superior e relatórios sobre temas específicos, com foco no papel das universidades no desenvolvimento científico e tecnológico (elaborado em 2010) e na garantia Qualidade (elaborado em 2012) no que se refere à transferência de conhecimentos e desenvolvimento tecnológico, inovação e empreendedorismo no sistema universitário na Ibero-americana.

A seu turno, o Instituto de Educação Superior da América Latina e Caribe (Iesalc) e a Organização dos Estados Ibero-Americanos (OEI), instituições membro da RIACES, têm ao longo dos anos contribuído no debate sobre a criação e uso de indicadores de qualidade da educação superior e melhoria do desempenho das agências de avaliação com capacidade de assegurar processos de formação de profissionais adequados as necessidades dos países.

A argumentação anterior, desta seção, demonstra que os sistemas de avaliação consolidados e com legitimidade têm passado por constantes processos de auto avaliação ou de avaliação externa, seja de forma voluntária – como os da Argentina, México, Colômbia e da Costa Rica, entre outros – seja por imposição da comunidade avaliada (como no caso das agências regionais dos Estados Unidos), seja ainda por imposição estatal, como ocorre com as agências que compõem a União Europeia. Neste movimento, tem se mostrado fundamental a necessidade de promover mudanças não só nos modelos de avaliação como também nas práticas institucionais das agências, com vistas a ampliar a qualidade da informação e serviços prestados. Nesse sentido, as alterações apontam a importância de gerar: (i) parcerias com outras agências de informação de dentro e fora do país; (ii) possibilidades novas de abordar seu objeto de análise e atingir seu objetivo.

A disputa pelo conceito de qualidade na educação superior aporta benefícios à avaliação e potencializa o jogo de interesses na educação superior, ao mesmo tempo em que revela sua polissemia e destaca a perspectiva regulatória no sistema educacional brasileiro. Este efeito foi analisado por Neave (2014), para quem Estado Avaliador e Estado Regulador são duas faces da mesma moeda.

Em que pesem as disputas em torno da qualidade que ocorre entre as diversas arenas, a avaliação de qualidade além de ser uma conquista da sociedade brasileira, é preceito constitucional e tem lei própria. Algumas expectativas geradas, porém, não se confirmaram como, por exemplo, a de produzir emancipação e maior grau de autonomia das IES ou a melhoria da qualidade. Nesse sentido, é preciso considerar, até que ponto o papel desempenhado pelo conceito de qualidade no novo gerencialismo se articula com os princípios geradores do Sinaes, tal como formulados pela CEA em 2004.

Para justificar a afinidade com o gerencialismo, o Sinaes pode ser mais eficaz, oferecendo à sociedade medidas precisas sobre a melhoria do sistema e a emancipação prometida. A despeito disso, poderia ser esperada maior transparência, para que a sociedade pudesse compreender situações como, por exemplo, a de 319 IES privadas que foram descredenciadas por medida de supervisão, sendo a maioria delas em razão dos resultados obtidos no Enade. Esta informação, contudo, não é divulgada, só podendo ser obtida em pesquisa no sistema e-MEC.

Da mesma forma, seria desejável a divulgação das razões pelas quais não foi dado seguimento aos recredenciamentos de todas as IES, de modo a cumprir o cronograma estipulado pela Portaria Normativa n° 1/2007, bem como das razões pelas quais avaliações presenciais dos cursos de graduação foram substituídas por índices transitórios, desvirtuando aquilo que foi previsto em lei. A garantia de qualidade exige, também, que os gestores do Sinaes, para usar expressão cunhada por Afonso (2015:1318), deixem de oferecer à sociedade uma "transparência opaca" e seletiva de seus resultados.

9 - *Credenciamentos e recredenciamento das Instituições de Educação Superior*

No sistema federal de ensino, os procedimentos referentes à avaliação e constatação das condições de funcionamento das IES e de seus cursos, bem como a definição de indicadores de qualidade e desempenho, e dos requisitos processuais a serem cumpridos, estão presentes nas Leis n. 10.861, de 14 de abril de 2004, e 10.870, de 19 de maio de 2004; nos Decretos n. 5.773/06 e 5.786/06; nas Portarias Normativas n. 1, de 10 de janeiro de 2007, e 40, de 12 de dezembro de 2007; nas Portarias MEC n. 300, de 30 de janeiro de 2006, 563, de 21 de fevereiro de 2006, e 1.027, de 15 de maio de 2006; e nas Portarias n. 2.051, de 9 de julho de 2004, 107, de 22 de julho de 2004, e 147, de 2 de fevereiro de 2007.

Nesse contexto, o Decreto n. 5.773/06 formula a regulação das IES e dos cursos de graduação e sequenciais, estabelecendo os atos autorizativos, a partir do seu art. 9º. Tal artigo mostra-se prescindível, já que repete integralmente o art. 209, incisos I e II, da CR/88, apresentando a liberdade do segmento particular em atuar na educação superior, desde que cumpra com as normas gerais da educação brasileira e inicie suas atividades mediante autorização e avaliação pelo Poder Público (art. 9º Decreto n. 5.773/06).

Com isso, o art. 10, caput e parágrafos, do Decreto n. 5.773/06, determina que o ato autorizativo do Poder Público é indispensável ao funcionamento de IES e ao oferecimento de curso de nível superior.

Ademais de estabelecerem os limites da atuação dos agentes públicos e particulares na educação superior e de serem temporalmente limitados, os atos administrativos autorizativos possuem as seguintes modalidades, a serem analisadas nas próximas partes deste estudo: autorização, reconhecimento e renovação de reconhecimento de cursos superiores; credenciamento e recredenciamento de instituições; além de suas eventuais e respectivas alterações. Dessa forma, qualquer alteração nos elementos que ensejaram o ato autorizativo originário determina a sua modificação, processando-se como pedido de aditamento. Assim, o ato autorizativo detém prevalência sobre qualquer documento constante no processo administrativo.

Salienta-se que os pedidos de ato autorizativo serão analisados utilizando-se o relatório de avaliação e os documentos comprobatórios, juntados pelas entidades interessadas no feito administrativo ou, ainda, as provas pleiteadas pela Secretaria competente, no exercício de sua atividade instrutória.

No que se refere às limitações temporárias do ato autorizativo, qualquer prazo constante no decreto terá seu dia de início na data da publicação do ato administrativo, que terá validez até o próximo ciclo avaliativo. Contudo, o referido prazo não será aplicável aos atos autorizativos, também com período determinado, expedidos antes da vigência do Decreto n. 5.773/06, conforme seu art. 70. Todavia, haverá prorrogação do prazo do ato autorizativo por, no máximo, 1 ano, quando a IES apresentar pedido de recredenciamento, reconhecimento ou renovação de reconhecimento de seu curso de ensino superior, desde que o requerimento seja devidamente protocolizado. Caso haja a publicação de ato autorizativo inicial para curso superior, o requerente deve providenciar o início do funcionamento das atividades educacionais, isto é, a efetiva oferta de aulas, em 12 meses, sob pena de caducidade (art. 68, caput e § 2º, Decreto n. 5.773/06).

Nas hipóteses de caducidade do ato autorizativo ou de decisão final contrária ao pedido de credenciamento de IES, inclusive de unidade fora da sede, assim como de autorização de curso superior, o requerente ou os interessados somente poderão manejar novo requerimento idêntico passados 2 anos, a contar da data do encerramento do processo administrativo (§ 1º, do art. 68 do Decreto n. 5.773/06).

Por fim, prevê-se, ainda, a possibilidade de se ofertar curso de ensino superior ou de a IES funcionar sem ato autorizativo, o que, em ambos os casos, implicaria irregularidade administrativa, acarretando sanções de índole cível ou penal. As mesmas consequências incidem quando faltar qualquer ato autorizativo, dos ora explicitados, ao funcionamento da instituição, proibindo-se a admissão de novos discentes pelas IES. Não por demais, os procedimentos de autorização ou credenciamento em trâmite serão suspensos por 2 anos se a instituição não universitária ofertar curso antes da necessária autorização inicial. Como consequência da situação irregular, o MEC pode determinar, em decisão fundamentada e com índole de medida cautelar administrativa, a suspensão preventiva da admissão de alunos novos em IES ou em cursos irregulares, impedindo a ocorrência de prejuízos a tais discentes. Da referida medida caberá recurso administrativo ao Conselho Nacional de Educação (CNE), no prazo de 30 dias da ciência da decisão, que não será dotado de efeito suspensivo (art. 11 do Decreto n. 5.773/06). Abaixo norma regulamentadora da matéria:

Seção II – Do Credenciamento e Recredenciamento de Instituição de Educação Superior Subseção I Das Disposições Gerais Art. 12. As instituições de educação superior, de acordo com sua organização e respectivas prerrogativas acadêmicas, serão credenciadas como:

I – faculdades;

II – centros universitários; e

III – universidades.

Art. 13. O início do funcionamento de instituição de educação superior é condicionado à edição prévia de ato de credenciamento pelo Ministério da Educação.

§1º A instituição será credenciada originalmente como faculdade.

§2º O credenciamento como universidade ou centro universitário, com as consequentes prerrogativas de autonomia, depende do credenciamento específico de instituição já credenciada, em funcionamento regular e com padrão satisfatório de qualidade.

§3° O indeferimento do pedido de credenciamento como universidade ou centro universitário não impede o credenciamento subsidiário como centro universitário ou faculdade, cumpridos os requisitos previstos em lei.

§4° O primeiro credenciamento terá prazo máximo de três anos, para faculdades e centros universitários, e de cinco anos, para universidades.

Art. 14. São fases do processo de credenciamento:

I – protocolo do pedido junto à Secretaria competente, instruído conforme disposto nos arts. 15 e 16;

II – análise documental pela Secretaria competente;

III – avaliação in loco pelo INEP;

IV – parecer da Secretaria competente;

V – deliberação pelo CNE; e

VI – homologação do parecer do CNE pelo Ministro de Estado da Educação.

Art. 15. O pedido de credenciamento deverá ser instruído com os seguintes documentos:

I – da mantenedora:

atos constitutivos, devidamente registrados no órgão competente, que atestem sua existência e capacidade jurídica, na forma da legislação civil; comprovante de inscrição no Cadastro Nacional de Pessoas Jurídicas do Ministério da Fazenda – CNPJ/MF; comprovante de inscrição nos cadastros de contribuintes estadual e municipal, quando for o caso; certidões de regularidade fiscal perante as Fazendas Federal, Estadual e Municipal; certidões de regularidade relativa à Seguridade Social e ao Fundo de Garantia do Tempo de Serviço – FGTS; demonstração de patrimônio para manter a instituição;

para as entidades sem fins lucrativos, demonstração de aplicação dos seus excedentes financeiros para os fins da instituição mantida; não remuneração ou concessão de vantagens ou benefícios a seus instituidores, dirigentes, sócios, conselheiros, ou equivalentes e, em caso de encerramento de suas atividades, destinação de seu patrimônio a outra instituição congênere ou ao Poder Público, promovendo, se necessário, a alteração estatutária correspondente; e para as entidades com fins lucrativos, apresentação de demonstrações financeiras atestadas por profissionais competentes;

II – da instituição de educação superior:

comprovante de recolhimento da taxa de avaliação in loco, prevista na Lei no 10.870, de 19 de maio de 2004;plano de desenvolvimento institucional; regimento ou estatuto; e identificação dos integrantes do corpo dirigente, destacando a experiência acadêmica e administrativa de cada um. Art. 16.   O plano de desenvolvimento institucional deverá conter, pelo menos, os seguintes elementos:

I – missão, objetivos e metas da instituição, em sua área de atuação, bem como seu histórico de implantação e desenvolvimento, se for o caso;

II – projeto pedagógico da instituição;

III – cronograma de implantação e desenvolvimento da instituição e de cada um de seus cursos, especificando-se a programação de abertura de cursos, aumento de vagas, ampliação das instalações físicas e, quando for o caso, a previsão de abertura dos cursos fora de sede;

IV – organização didático-pedagógica da instituição, com a indicação de número de turmas previstas por curso, número de alunos por turma, locais e turnos de funcionamento e eventuais inovações consideradas significativas, especialmente quanto a flexibilidade dos componentes curriculares, oportunidades diferenciadas de integralização do curso, atividades práticas e estágios, desenvolvimento de materiais pedagógicos e incorporação de avanços tecnológicos;

V – perfil do corpo docente, indicando requisitos de titulação, experiência no magistério superior e experiência profissional não-acadêmica, bem como os critérios de seleção e contração, a existência de plano de carreira, o regime de trabalho e os procedimentos para substituição eventual dos professores do quadro;

VI – organização administrativa da instituição, identificando as formas de participação dos professores e alunos nos órgãos colegiados responsáveis pela condução dos assuntos acadêmicos e os procedimentos de auto-avaliação institucional e de atendimento aos alunos;

VII – infra-estrutura física e instalações acadêmicas, especificando:

com relação à biblioteca: acervo de livros, periódicos acadêmicos e científicos e assinaturas de revistas e jornais, obras clássicas, dicionários e enciclopédias, formas de atualização e expansão, identificado sua correlação pedagógica com os cursos e programas previstos; vídeos, DVD, CD, CD-ROMS e assinaturas eletrônicas; espaço físico para estudos e horário de funcionamento, pessoal técnico administrativo e serviços oferecidos; com relação aos laboratórios: instalações e equipamentos existentes e a serem adquiridos, identificando sua correlação pedagógica com os cursos e programas previstos, os recursos de informática disponíveis, informações concernentes à relação equipamento/aluno; e descrição de inovações tecnológicas consideradas significativas; e plano de promoção de acessibilidade e de atendimento prioritário, imediato e diferenciado às pessoas portadoras de necessidades educacionais especiais ou com mobilidade reduzida, para utilização, com segurança e autonomia, total ou assistida, dos espaços, mobiliários e equipamentos urbanos, das edificações, dos serviços de transporte; dos dispositivos, sistemas e meios de comunicação e informação, serviços de tradutor e intérprete da Língua Brasileira de Sinais – LIBRAS;

VIII – oferta de educação a distância, sua abrangência e pólos de apoio presencial;

IX – oferta de cursos e programas de mestrado e doutorado; e

X – demonstrativo de capacidade e sustentabilidade financeiras.

Art. 17. A Secretaria de Educação Superior ou a Secretaria de Educação Profissional e Tecnológica, conforme o caso, receberá os documentos protocolados e dará impulso ao processo.

§1º A Secretaria competente procederá à análise dos documentos sob os aspectos da regularidade formal e do mérito do pedido.

§2º A Secretaria, após análise documental, encaminhará o processo ao INEP para avaliação in loco.

§3º A Secretaria poderá realizar as diligências necessárias à completa instrução do processo, visando subsidiar a deliberação final das autoridades competentes.

§4º A Secretaria competente emitirá parecer, ao final da instrução, tendo como referencial básico o relatório de avaliação do INEP e considerando o conjunto de elementos que compõem o processo.

Art. 18. O processo será encaminhado ao CNE, para deliberação, em ato único, motivadamente, sobre a conformidade do estatuto ou do regimento com a legislação aplicável, a regularidade da instrução e o mérito do pedido. Parágrafo único. Da decisão do CNE caberá recurso administrativo, na forma de seu regimento interno. Art. 19. O processo será restituído ao Ministro de Estado da Educação para homologação do parecer do CNE. Parágrafo único. O Ministro de Estado da Educação poderá restituir o processo ao CNE para reexame, motivadamente. Subseção II Do Recredenciamento Art. 20. A instituição deverá protocolar pedido de recredenciamento ao final de cada ciclo avaliativo do SINAES junto à Secretaria competente, devidamente instruído, no prazo previsto no § 7º do art. 10.Parágrafo único. O processo de recredenciamento observará as disposições processuais referentes ao pedido de credenciamento, no que couber. Art. 21. O pedido de recredenciamento de instituição de educação superior deve ser instruído com os seguintes documentos:

I – quanto à mantenedora, os documentos referidos no art. 15, inciso I; e

II – quanto à instituição de educação superior, a atualização do plano de desenvolvimento institucional, do regimento ou estatuto e das informações relativas ao corpo dirigente, com destaque para as alterações ocorridas após o credenciamento.

Art. 22. O deferimento do pedido de recredenciamento é condicionado à demonstração do funcionamento regular da instituição e terá como referencial básico os processos de avaliação do SINAES.

§1º A Secretaria competente considerará, para fins regulatórios, o último relatório de avaliação disponível no SINAES.

§2º Caso considere necessário, a Secretaria solicitará ao INEP realização de nova avaliação in loco.

Art. 23. O resultado insatisfatório da avaliação do SINAES enseja a celebração de protocolo de compromisso, na forma dos arts. 60 e 61 deste Decreto. Parágrafo único. Expirado o prazo do protocolo de compromisso sem o cumprimento satisfatório das metas nele estabelecidas, será instaurado processo administrativo, na forma do art. 63, inciso II, ficando suspensa a tramitação do pedido de recredenciamento até o encerramento do processo. Subseção III Do Credenciamento de Campus Fora de Sede Art. 24. As universidades poderão pedir credenciamento de campus fora de sede em Município diverso da abrangência geográfica do ato de credenciamento em vigor, desde que no mesmo Estado.

§1º O campus fora de sede integrará o conjunto da universidade e não gozará de prerrogativas de autonomia.

§2º O pedido de credenciamento de campus fora de sede processar-se-á como aditamento ao ato de credenciamento, aplicando-se, no que couber, as disposições processuais que regem o pedido de credenciamento.

§3º É vedada a oferta de curso em unidade fora da sede sem o prévio credenciamento do campus fora de sede e autorização específica do curso, na forma deste Decreto. (Incluído pelo Decreto nº 6.303, de 2007)

§4º A Secretaria de Regulação e Supervisão da Educação Superior – Seres, do Ministério da Educação, poderá, em caráter excepcional, considerando as necessidades de desenvolvimento do País e de inovação tecnológica, credenciar unidades acadêmicas fora de sede e autorizar, nestas unidades, o funcionamento de cursos em áreas estratégicas, conforme disciplinado em ato do Ministro de Estado da Educação. (Incluído pelo Decreto nº 8.142, de 2013)

Subseção IV Da Transferência de Mantença Art. 25. A alteração da mantença de qualquer instituição de educação superior deve ser submetida ao Ministério da Educação.

§1º O novo mantenedor deve apresentar os documentos referidos no art. 15, inciso I, além do instrumento jurídico que dá base à transferência de mantença.

§2º O pedido tramitará na forma de aditamento ao ato de credenciamento ou recredenciamento da instituição, sujeitando-se a deliberação específica das autoridades competentes.

§3º É vedada a transferência de cursos ou programas entre mantenedoras.

§4º Não se admitirá a transferência de mantença em favor de postulante que, diretamente ou por qualquer entidade mantida, tenha recebido penalidades, em matéria de educação superior, perante o sistema federal de ensino, nos últimos cinco anos.

§5º No exercício da atividade instrutória, poderá a Secretaria solicitar a apresentação de documentos que informem sobre as condições econômicas da entidade que cede a mantença, tais como certidões de regularidade fiscal e outros, visando obter informações circunstanciadas sobre as condições de autofinanciamento da instituição, nos termos do art. 7o, inciso III, da Lei no 9.394, de 1996, no intuito de preservar a atividade educacional e o interesse dos estudantes. (Incluído pelo Decreto nº 6.303, de 2007)

Subseção V Do Credenciamento Específico para Oferta de Educação a Distância Art. 26. A oferta de educação a distância é sujeita a credenciamento específico, nos termos de regulamentação própria.

§1º O pedido observará os requisitos pertinentes ao credenciamento de instituições e será instruído pela Secretaria de Educação Superior ou pela Secretaria de Educação Profissional e Tecnológica, conforme o caso, com a colaboração da Secretaria de Educação a Distância.

§2º O pedido de credenciamento de instituição de educação superior para a oferta de educação a distância deve ser instruído com o comprovante do recolhimento da taxa de avaliação in loco e documentos referidos em regulamentação específica.

§3° Aplicam-se, no que couber, as disposições que regem o credenciamento e o recredenciamento de instituições de educação superior.

Em termos de processo o MEC já tem uma burocracia torturante para operacionalizar esses processos e o complica muito mais, sem amparo em Lei, para a audiência de órgãos estranhos aos definidos na LDB e na Lei do Sinaes para manifestação nos processos de autorização e reconhecimento de cursos de graduação. Para desburocratizar um pouco o processo, seria de boa valia, seguir a recomendação da ABMES, vide abaixo:

ƒ qualidade não pode ser definida com base em dogmas seculares e exclusivos de titulação e hierarquia; requer novos paradigmas coerentes com a era do conhecimento e da internacionalização;

ƒ o ensino ofertado pela livre iniciativa, segundo o art. 209 da Constituição de 88, deixa de ser concessão ou delegação do poder público; a atuação da iniciativa privada está sujeita somente ao cumprimento das normas gerais da educação nacional e de autorização e avaliação de qualidade pelo poder público;

ƒ a diversidade das IES deve ser acatada, respeitando-se a missão, os objetivos e diretrizes institucionais e a organização acadêmico-administrativa, disciplinar e financeira de cada uma; quanto à estruturação e organização acadêmica, as IES devem ser tipificadas como universidades, centros universitários, centros de educação tecnológica, faculdades integradas, faculdades, institutos ou escolas superiores ou qualquer outro tipo de estrutura acadêmico-administrativa que tenha condições de oferecer educação superior de qualidade; *f* não cabe ao MEC o papel de órgão fiscalizador da Receita Federal ou da Previdência Social e sim de assegurar a qualidade da oferta da educação superior, por instituições públicas ou privadas;

f o registro dos diplomas dos cursos superiores deve ser da competência da IES que ministrou o curso; o registro de diplomas, como é exigido atualmente, constitui uma simples atividade burocrática desnecessária desvinculada da qualidade do ensino;

f o MEC deve cumprir a Lei a 9.784/1999, que regula os processos e procedimentos administrativos, fixando prazos para a decisão nos processos administrativos, independentemente de qualquer reforma;

f as instituições privadas de educação superior são avaliadas por comissões compostas, na sua maioria, por professores das instituições públicas; a CONAES (Comissão Nacional de Avaliação da educação Superior) é um exemplo: dos seus treze membros nenhum representa a iniciativa privada que detém 70% dos alunos matriculados; a ABMES considera, ainda, que o MEC deve reservar espaço a seus representantes no processo de elaboração de políticas e fixação dos padrões de qualidade.

f o regime de dedicação docente deve abranger modalidades diversas para a iniciativa privada e para o setor público; para as IES particulares, devem contemplar duas modalidades de contrato: (1) a de tempo contínuo – integral (36h) e a de tempo parcial (carga horária semanal variável) , que devem contemplar, além das horas-aula, outras atividades acadêmico-administrativas, e (2) o regime de dedicação docente do professor horista; os títulos de especialista, mestre e doutor, expedidos no Brasil ou no exterior, devem ter o reconhecimento da FUNADESP e da comunidade acadêmica, por deliberação do colegiado superior da IES, atendidas as normas existentes;

f a expansão de vagas deve atender ao Plano Nacional de Educação, garantindo a estabilidade e ampliação do mercado de trabalho e a ocupação funcional, além de preservar a cultura nacional;

f a anuidade escolar é a principal fonte de receita das instituições privadas, devendo assim a atual legislação ser alterada, de forma a não estimular a inadimplência como ocorre atualmente;

f o excesso de regulamentação gera a insegurança jurídica e fragiliza o processo de planejamento e gestão acadêmico-administrativa; a reforma deve prever expressa vedação ao Poder Executivo de estabelecer requisitos ou regulamentos que ampliem ou reduzam as normas gerais estabelecidas em lei.

10 – *Educação Superior a Distância*

Talvez, para os mais velhos, educação a distância (EaD) possa trazer à memória os gibis com anúncios de cursos por correspondência. Essa foi a característica da primeira geração da EaD: a educação por correspondência, na qual os principais meios de comunicação eram guias de estudo impressos, com exercícios enviados pelo correio.

A partir dos anos 70, a segunda geração da EaD, ainda tendo como principal suporte o material impresso, passou a utilizar, cada vez mais, recursos como a televisão, fitas de áudio e vídeo, além da interação por telefone. Enquanto na Europa e nos EUA surgiam as primeiras Universidades Abertas, no Brasil, com base em artigo referente ao ensino supletivo na LDB (Lei no. 5.692/71), os programas de educação a distância eram classificados como "experimentais" e seu funcionamento era permitido a título precário.

Atualmente, vivemos a terceira geração, baseada em redes de conferência por computador e estações de trabalho multimídia, destacando-se as possibilidades oferecidas pelo acesso à internet. Para alguns, a educação a distância, com as tecnologias de informação e comunicação (TICs), é a panacéia dos problemas educacionais. Outros apresentam grande resistência, vendo-a como forma educacional inferior.

Para além dessas visões extremadas, tentarei esboçar um panorama da EaD no Brasil, apresentando dados atuais de sua expansão, aspectos da legislação em vigor e, a partir daí, trazer alguns pontos para discussão, tomando como foco a situação do docente.

Conforme Luckesi (2011) a educação pode ser compreendida como mediação de um projeto social. Nela há a possibilidade de agir a partir dos próprios condicionamentos históricos. Esta linha de pensamento interpreta a educação dimensionada dentro dos determinantes sociais, com possibilidades de agir estrategicamente. Portanto, a educação, nesse ponto de vista poderá ser reproduzida desde que também possibilite formar cidadãos críticos e poderá estar a serviço de um projeto de libertação da sociedade capitalista, a educação é visualizada assim como agente da transformação da sociedade.

De uma forma geral, a educação deve estar de acordo com as necessidades e transformações da sociedade na qual está inserida, pois, a educação reflete as transformações da base material da sociedade e, por isso, não está acima da sociedade, mas consiste em uma dimensão concreta da vida material e que se modela em consonância com as condições de existência dessa mesma sociedade (BUENO; GOMES, 2011, p. 54).

Evidencia-se que a educação é um processo histórico e transitório que sofre alterações de acordo com o contexto sócio econômico e as condições objetivas em que se realiza, sendo necessário se adequar as necessidades de seus alunos. É primordial a contextualização teórica da problemática do uso das tecnologias educacionais nos cursos de formação continuada tendo em vista as transformações sociais, econômicas, políticas e tecnológicas (BUENO; GOMES, 2011)

Na sociedade atual há uma grande necessidade de atualização, muitas são as mudanças que ocorrem na sociedade constantemente e os profissionais precisam buscar um meio de estar aprendendo. Por outro lado, as mais variadas atividades da sociedade atual impossibilitam de um modo geral, as pessoas dedicarem um tempo especifico no seu dia a dia para voltar à sala de aula, sendo que a Educação a Distância se torna uma ferramenta essencial nesse processo. A Educação a Distância (EAD) é uma maneira de ensino que permite atingir um número significativo de pessoas. Ela rompe com a forma tradicional de ensino e aponta para um novo paradigma. A EAD seria uma forma de ensinar e aprender que proporciona ao aluno que não possui condições de comparecer diariamente à escola a oportunidade de se apropriar dos conteúdos que são transmitidos aos estudantes da educação presencial. Uma forma que possibilita a eliminação de distâncias geográficas e temporais ao proporcionar ao aluno a organização do seu tempo e local de estudos (HACK, 2011).

Conforme Preti (2000), a grande parte dos alunos da Educação a Distância apresenta características particulares, tais como: são adultos inseridos no mercado de trabalho, residem em locais distantes dos núcleos de ensino, não conseguem aprovação em cursos regulares, são heterogêneos e com pouco tempo para estudar no ensino presencial, sendo assim necessitam que um ensino mais flexível e que se encaixe em suas reais necessidades. Neder (2000) refere-se ao conceito de EAD com bastante propriedade, colocando essa modalidade como um meio, uma ferramenta que permite ampliação do acesso à escola, o atendimento a adulto, possibilitando o uso de novas tecnologias de comunicação e de informação.

Em seu artigo 80, a Lei de Diretrizes e Bases da Educação Nacional (nº 9394/96) define a educação a distância como uma forma de ensino que possibilita a auto-aprendizagem, com a mediação de recursos didáticos sistematicamente organizados.

Historicamente surge na pós-revolução russa, ou seja, na década de vinte, do século passado, para suprir deficiências da escola formal que, por ter sido até então elitista, atingia um número restrito de pessoas (PETRI, 2000).

Segundo Petri (2000), a política de Educação a Distância atingiu todo o Leste Europeu para garantir a formação dos trabalhadores. Somente na Rússia, 2.500.000 estudantes (mais da metade dos inscritos nas universidades) estudavam a distância antes da ruptura do bloco socialista.

Segundo Amorim (2012), o início da Educação a Distância (EAD) no mundo foi na Suécia em 1833 com o primeiro curso de contabilidade transmitido por correspondência, evidenciando a importância da necessidade da criação de diversos materiais impressos que seriam distribuídos e divulgados por meio das correspondências.

Conforme Alves (2011) há várias experiências feitas pela Europa e também nos Estados Unidos envolvendo a EAD, mas foi a partir do século XIX que ela passa a existir institucionalmente para o restante dos continentes, sendo importante considerar em 1922 na União Soviética tem início o primeiro curso por correspondência, em 1948 é criada na Noruega a primeira legislação oficial para escolas por correspondências.

Alguns acontecimentos sociais como a Reforma do Estado, a estruturação legal para as bases de uma educação em sintonia com as grandes questões nacionais colocava a gestão, na década de 1990, a assumir responsabilidades com as mudanças diante das políticas públicas favorecedoras do processo de modernização. Concomitantemente, crescia o debate em torno da gestão democrática e da melhoria na formação de professores, diante da necessidade de expansão da educação básica e de profissionais capazes de atuar de forma polivalente e em contextos de diversidade sob vários aspectos. Coloca-se então, a importância de uma gestão eficiente e eficaz, voltada para uma formação que possibilite a superação de problemas do cotidiano escolar. Uma das formas dessa formação ocorrer é através da Educação a Distância (HACK, 2011).

Pode-se observar que em vários lugares e momentos da história a Educação a Distância torna-se uma ferramenta indispensável para dar continuidade eficiente no processo de aprimoramento educacional. Essas experiências acima citadas e muitas outras foram muito importantes para a consolidação da EAD, pois somente ela consegue romper com as barreiras geográficas e temporais tendo agora como aliado as novas tecnologias que auxiliam neste novo processo de ensino aprendizagem.

Para Bernardo (2009), as várias universidades ou mesmo escolas que adotam a modalidade EAD, têm incorporado ao longo do seu desenvolvimento as novas tecnologias de informática e de telecomunicação, pois estas conseguem romper as barreiras geográficas e temporais e iniciam um novo processo de ensino aprendizagem que insere estas novas tecnologias no cotidiano escolar.

A Educação a Distância será parte natural do futuro da escola e da universidade. Valerá ainda o uso do correio, mas parece definitivo que o meio eletrônico dominará a cena. Ensino a Distância é uma proposta para socializar informação, transmitindo-a de maneira mais hábil possível. Educação à distância, por sua vez, exige aprender a aprender, elaboração e consequente avaliação. È uma modalidade de realizar o processo de construção do conhecimento de forma crítica, criativa e contextualizada, no momento em que o encontro presencial do educador e do educando não ocorrer, promovendo-se, então, a comunicação educativa através de múltiplas tecnologias (HACK, 2011).

Sousa e Ramalho (2012) observam que são inúmeros os desafios da formação de gestores em serviço e com a utilização de metodologias que incluam a EAD, não só para os cursistas, mas para toda a equipe técnica, pedagógica, as instituições e os executores desses projetos, pois vários são os fatores que devem ser analisados para que os alunos a distância possam ter um atendimento adequado e um aprendizado eficiente.

De acordo com Sousa e Ramalho (2012) vive-se no meio de transformações incomensuráveis no seio da sociedade, as quais exigem da escola e dos profissionais nova forma de organização, produção e assimilação de conhecimento.

Luck (2011) compreende que a gestão educacional deve estar compreendendo essas transformações sociais para estabelecer direcionamento e mobilização capazes de sustentar e dinamizar o modo de ser e fazer do sistema de ensino e das escolas, sem o que todos os demais esforços e gastos são despendidos sem promover os devidos resultados. Defende também que o processo de gestão pressupõe a ação ampla e continuada que envolve múltiplas dimensões, tanto técnicas quanto políticas e que só se efetivam de fato, quando articuladas entre si.

No Brasil na atualidade, segundo Moran (2009), há duas formas modelos de educação a distância que são aplicadas. No primeiro caso, o professor aparece em seu aspecto tradicional de atuação, ministrando o conteúdo através das suas tele aulas. No segundo, o professor relaciona-se diretamente com os alunos, através dos materiais impressos e ferramentas digitais disponíveis, orientando-os através de uma tutoria com o objetivo de uma formação realmente significativa.

Independente das relações que envolvam a prática do ensino-aprendizagem na modalidade EAD, é muito importante que as metodologias devam ser constantemente avaliadas, pois se bem repensadas e retrabalhadas será possível assim sempre melhorar a qualidade da educação no país conforme relata Moran (2009) que a educação a distância não é mais uma modalidade complementar, ela está se expandindo e afetando profundamente e educação como um todo.

Há uma opção pela cosmovisão transformadora, pela qual a educação é uma força presente na trama constitutiva da vida social. Em sua concepção, devemos colocá-la a serviço do ser humano, individual e coletivo, na busca de sua emancipação, ou seja, na busca da igualdade de condições de vida para todos, por dentro da própria vida social e não por fora dela. Dentre as linhas pedagógicas, certamente os pressupostos progressistas são mais interessantes, por estarem pautados na formação de uma liberdade efetiva, porém a criticidade progressista esbarra nas estruturas educacionais brasileiras muito arcaicas e ainda hoje com traços tradicionais. Na prática docente cada vez mais cheia de desafios o importante é extrair o que cada uma delas apresenta de melhor, dando subsídios para que possamos criar estilos próprios e coerentes de atuação pedagógica (LUCKESI, 2011).

As mudanças no processo econômico, no mercado de trabalho, na cultura globalizada requerem transformações nos sistemas educacionais. A sociedade exige indivíduos com competências múltiplas, capazes de aprender e de adaptar-se a situações que desenvolvam múltiplas competências, capazes de aprender e de adaptar-se a situações que desenvolvam capacidades de autogestão, adaptabilidade, flexibilidade, autonomia e independência.

Na medida em que novas exigências se impõem, a educação procura adequar-se a esse novo tempo e à sociedade por meio de uma possibilidade plausível na distância: a Educação a Distância, que minimiza a necessidade de deslocamento físico, tanto dos participantes, quanto dos formadores.

Os estudos podem ser desenvolvidos nos locais de origem dos cursistas, gerando economia de recursos. A apropriação tecnológica é outra vantagem, porque leva o recurso a pessoas que, de outra forma, talvez não tivessem esta oportunidade, possibilitando também a interação, a um só tempo, de um grande número de pessoas em uma grande extensão territorial.

A Educação a Distância se apresenta como uma forma viável de interação eficaz, que proporciona discussões de valor pedagógico e relevância para os conteúdos abordados, exigindo aptidões de mediação.

A partir das colocações dos alunos é possível identificar a necessidade de formação da equipe atuante em EaD, principalmente no que compete a atuação do tutor à distância no que se refere ao contato feito com os alunos, de forma a tentar eliminar a distância provocada pelo ensino virtual, no qual os contatos presenciais são poucos ou inexistem.

Também a qualificação do tutor presencial se faz necessária, uma vez que atua com várias disciplinas e precisa dominar uma maior quantidade de saberes relacionados aos conteúdos ministrados nas diferentes disciplinas, pois é a primeira referência para sanar as dúvidas dos alunos no pólo em que atua. A visão não-profissional de "ensinar se aprende ensinando", ou seja, de que não é preciso se preparar para ser docente, pois essa é uma atividade prática para a qual não são necessários conhecimentos específicos, mas sim experiência e vocação não cabe na atuação do profissional de ensino à distância, sua profissionalização requer conhecimentos e competências próprias, preparação específica e requisitos de ingresso e sua função formativa deve estar vinculada a uma formação que permita um desenvolvimento global da pessoa, potencializando a maturidade e a capacidade de compromisso social e ético. Capazes de estimular o desenvolvimento e a maturidade de seus estudantes, de fazê-los pessoas mais completas sob o ponto de vista pessoal e social.

O que tornava a questão ainda mais complexa é que os profissionais envolvidos no ensino à distância têm o desafio de atuar em um ambiente distinto daquele para o qual foram inicialmente formados e/ou têm experiência. Tal situação gera, por um lado, muitas inquietações e desestabilizações nos profissionais e, por outro lado, traz à tona a necessidade de oferta de uma formação diferenciada nos cursos de formação de professores.

As funções formativas convencionais, apenas o domínio do conteúdo e o saber explicá-lo, já não são suficientes para atingir os objetivos formativos desta modalidade de ensino. Há a necessidade de uma transformação expressiva na formação dos profissionais dos cursos à distância que tente aliar ensino dos conhecimentos técnico-específicos da profissão e uma formação mais voltada aos aspectos humanos, pois, acreditamos que isso facilitaria a interação com os alunos.

Sabemos que ensinar não é um processo que se aprende com a prática e sim uma atividade que requer conhecimento, formação e reciclagem permanente para atualização com novos conteúdos e metodologias, fazendo com que as habilidades básicas sejam adquiridas, melhoradas e ampliadas. Isso tudo, em um processo consciente e consistente de formação, o qual deve estar ligado à formação técnico-específica das diferentes áreas do saber. Assim, o papel do tutor não é de transmissor, mas sim o profissional que facilita o acesso à informação, o que, por si só, não garante o caráter formativo. Advém disso a necessidade de formação continuada para que este profissional possa agir não só de forma a melhorar sua prática e/ou metodologia de ensino, mas para que também possa identificar situações-problema no processo formativo e buscar possíveis soluções para melhorar sua prática e a de seus pares, uma vez que é o representante direto da disciplina perante o aluno.

Nesse sentido, a prática profissional docente em EaD deve desencadear momentos de reflexão e problematização das situações pedagógicas vividas, o que implica um exercício de crítica sobre sua atuação e sobre a atuação do outro nos espaços, tempos e contextos em que estão interagindo, pois, além do conteúdo que está sendo trabalhado, há a dimensão pedagógica, a qual precisa ser pensada e vivida de forma reflexiva.

Por fim, reforçamos, a partir da análise do material coletado nas avaliações dos alunos e falas do tutores, que aos profissionais atuantes na EaD deve ser oferecido uma prática formativa continuada e que estes devem acompanhar de forma sistemática a preparação das disciplinas em que irão atuar, bem como, receber uma formação voltada às práticas de ensino em ambientes virtuais que ofereçam subsídios quanto ao contato que terão com os alunos.

Assim, a reflexão constante sobre a prática e os princípios adotados pelos professores é de fundamental importância para modificar a atuação no processo ensino-aprendizagem do ensino à distância, pois a educação não deve estar organizada a partir de um plano/direcionamento único, uma vez que deve considerar que os sujeitos são únicos e seus interesses distintos.

11 – *Medidas cautelares preventivas aplicadas às Instituições de educação superior*

A última década foi marcada pela expressiva expansão do ensino superior brasileiro, notadamente em razão do crescimento significativo da prestação do serviço educacional por entidades privadas.

Segundo informações do Instituto Nacional de Estudos e Pesquisas Educacionais Anísio Teixeira – INEP, que é uma Autarquia Federal, vinculada ao Ministério da Educação, no ano de 2011, aproximadamente 5.000.000 (cinco milhões) de matrículas foram realizadas em entidades privadas de ensino superior, o que representa mais de 70% (setenta por cento) de todas as matrículas realizadas por estudantes em cursos superiores2.

Destaque-se que, no ano de 2011, o quantitativo de entidades privadas de ensino era de 2.081 (dois mil e oitenta e um), o que representa 88% (oitenta e oito por cento) das instituições educacionais3.

Infere-se dos mencionados dados que a iniciativa privada ocupa posição de relevo na prestação do serviço educacional no Brasil, sendo responsável por acolher significativo número de discentes que objetivam alcançar a formação acadêmica do ensino superior.

Diante desse atual cenário da crescente expansão do ensino superior, tem-se que é consequência lógica o surgimento de questionamentos sobre a qualidade do ensino prestado e das medidas administrativas a serem adotadas pelo Ministério da Educação para salvaguardar a excelência na prestação do serviço educacional ofertado por entidades privadas.

Como é cediço, a atuação do poder de polícia administrativo encontra-se delineada pelos dispositivos legais sobre a matéria, inclusive no que se refere aos entes que estão submetidos a sua observância cogente.

Assim, não sendo exceção à assertiva deduzida acima, o exercício da atividade regulatória pelo Ministério da Educação, no aspecto subjetivo, como consequência do poder de polícia, encontra-se definido na legislação aplicável à matéria.

Com a finalidade de delimitar as entidades que estão submetidas à atividade regulatória desenvolvida pelo Ministério da Educação, convém transcrever o art. 211 da Constituição da República12, in verbis:

Art. 211. A União, os Estados, o Distrito Federal e os Municípios organizarão em regime de colaboração seus sistemas de ensino.

§ 1º A União organizará o sistema federal de ensino e o dos Territórios, financiará as instituições de ensino públicas federais e exercerá, em matéria educacional, função redistributiva e supletiva, de forma a garantir equalização de oportunidades educacionais e padrão mínimo de qualidade do ensino mediante assistência técnica e financeira aos Estados, ao Distrito Federal e aos Municípios;

§ 2º Os Municípios atuarão prioritariamente no ensino fundamental e na educação infantil.

§ 3º Os Estados e o Distrito Federal atuarão prioritariamente no ensino fundamental e médio.

A Lei nº 9.394, 20 de dezembro de 199613, estatui o seguinte sobre a definição das entidades de ensino que estão submetidas à fiscalização da União, in verbis:

Art. 9º A União incumbir-se-á de:

I a VIII - omissis

IX - autorizar, reconhecer, credenciar, supervisionar e avaliar, respectivamente, os cursos das instituições de educação superior e os estabelecimentos do seu sistema de ensino.

Art. 16. O sistema federal de ensino compreende:

I - as instituições de ensino mantidas pela União;

II - as instituições de educação superior criadas e mantidas pela iniciativa privada;

III - os órgãos federais de educação.

Cumpre consignar a redação do art. 2º, caput, do Decreto nº 5.773, de 09 de maio de 200614, cujo teor é, fundamentalmente, a reprodução do preceito normativo acima transcrito, in litteris:

Art. 2º O sistema federal de ensino superior compreende as instituições federais de educação superior, as instituições de educação superior criadas e mantidas pela iniciativa privada e os órgãos federais de educação superior.

Depreende-se do contexto normativo acima apresentado que o exercício do poder de polícia pelo Ministério da Educação encontra-se adstrito às entidades que compõem o sistema federal de ensino, que são: i) as instituições federais de educação superior; ii) as entidades de educação superior criadas e mantidas pela iniciativa privada; iii) e os órgãos federais de educação superior.

Logicamente, considerando o atual cenário da crescente expansão de instituições privadas de ensino, as entidades de educação superior, criadas e mantidas pela iniciativa privada, como integrantes obrigatórias do sistema federal de ensino, possuem importância singular como ente submetido ao poder de polícia do MEC.

É imperioso aduzir que a atividade fiscalizatória desempenhada pela União, por meio do Ministério da Educação, é desenvolvida, principalmente, de forma preventiva, mediante processos de regulação e supervisão da prestação do serviço educacional, neles compreendidos o credenciamento e a renovação de credenciamento de instituições de educação superior, a autorização, o reconhecimento e a renovação de reconhecimento de cursos superiores, consoante os termos do art.46, o § 1º, da Lei nº 9.394, 20 de dezembro de 1996, que foi mencionado alhures.

Destarte, afigura-se que o poder de polícia administrativo é exteriorizado, por meio da emissão dos atos administrativos autorizativos do funcionamento de instituições de educação superior e de cursos de graduação e sequenciais.

A consequência lógica dos argumentos acima suscitados é que o Ministério da Educação não pode exercer o poder de polícia, por meio da atividade regulatória, em entidades privadas que não integram o sistema federal de ensino.

Cumpre citar, de forma hipotética, a situação de entidade privada que oferta curso de graduação, sem qualquer autorização do Ministério da Educação e a sua revelia.

Nessas situações, apesar da manifesta ilegalidade e prejuízo à coletividade, o Ministério da Educação, com fulcro no poder de polícia, não pode coibir esse tipo de conduta praticado por entidade privada de ensino, uma vez que a sua atuação, por meio da atividade regulatória, encontra-se delimitada pela legislação aplicável à espécie, a qual não prevê nenhuma atuação específica nesse sentido.

É forçosa a ilação de que a União, por meio do Ministério da Educação, no exercício da atividade regulatória do serviço educacional, como consequência do exercício do seu poder de polícia, está subordinada à fiel observância do regramento legal existente.

Com legitimidade constitucional, conferida pelo art. 206, inciso VII e art. 209, inciso II, da Constituição da República, a Lei nº 9.394, de 20 de dezembro de 1996, e a Lei nº 10.861, de 14 de abril de 2004, são os diplomas normativos que cuidam do exercício da atividade regulatória pelo Ministério da Educação, cujo conteúdo normativo parametriza a atuação do MEC tanto no aspecto subjetivo quanto no objetivo.

Deste modo e como decorrência lógica do postulado constitucional da legalidade, fundado no art. 37 da Constituição da República, a atividade regulatória exercida pelo Ministério da Educação deve ser sempre norteada pelos estritos comandos legais, sob pena de serem consideradas ilegais.

Assim, não se pode enveredar pela errônea compreensão de que qualquer controvérsia ou ilegalidade envolvendo instituição de ensino e aluno é de competência do Ministério da Educação, uma vez que o exercício do seu poder de polícia encontra-se baseado, fundamentalmente, na preservação da qualidade do ensino, conforme as normas existentes no ordenamento jurídico.

No que tange aos limites de atuação do poder de polícia, cumpre consignar que, no aspecto subjetivo, a atividade regulatória exercida pelo Ministério da Educação encontra-se adstrita às entidades que compõem o sistema federal de ensino, dentre elas, as entidades de educação superior, criadas e mantidas pela iniciativa privada.

No que atine às matérias que podem ser objeto do poder de polícia pelo Ministério da Educação, cumpre assinalar que a dinâmica da sua atividade regulatória destina-se a salvaguardar a excelência na qualidade do serviço educacional ofertado por instituição de ensino, com o fim precípuo de que a sociedade seja beneficiada, quer seja pela formação de bons profissionais, quer seja pela formação de cidadãos conscientes dos seus direitos e deveres, que obtiveram a devida instrução acadêmica.

Destarte, é imprescindível que os operadores do direito, assim como as entidades destinadas a tutelar os interesses dos discentes tenham o pleno conhecimento a respeito da competência do Ministério da Educação, notadamente em relação aos contornos do seu poder de polícia, inclusive no que se refere à necessidade de sempre observar o princípio da legalidade e de salvaguardar os interesses dos estudantes nesse cenário de exponencial crescimento da prestação do serviço educacional, máxime por entidades privadas.

Em suma, pode-se dizer que poder de polícia é a atividade estatal, dotada de certos atributos, decorrentes da própria essência do Estado, condicionadora de comportamentos, que impõem limites ao exercício de direitos e liberdades, em prol do bem estar social, adstrita à legalidade e limitada pelos direitos fundamentais dos cidadãos.

Estabelecido o conteúdo do poder de polícia administrativa é possível ater-se à legalidade da delegação desse poder e, diante de toda exposição feita neste trabalho, o único entendimento cabível é o da ilegalidade dessa delegação, mesmo que esses entes privados tenham vinculação com entes públicos, façam parte da administração indireta.

É importante frisar que a reclamação corriqueira contra a "indústria da multa" não é questão tratada neste trabalho acadêmico, por, em verdade, tratarem-se de temas muito diferentes. O que se buscou foi a discussão acerca da validade da transferência do exercício de um poder tipicamente público, fora do mercado, a pessoas que, tipicamente, exploram atividades econômicas.

O tema do abuso de poder é diverso e por si só merece uma monografia a respeito. Até porque não decorre somente da atuação de pessoas privadas, as próprias pessoas públicas incumbidas da fiscalização podem abusar de seu poder, o que é até mais comum.

A questão sob foco, a validade, legalidade, da delegação do poder de polícia administrativa, não será solucionada dessa forma.

A conclusão pela indelegabilidade não é simplista, como muitos autores querem fazer entender, ela apenas é a única a ser tomada diante do ordenamento jurídico brasileiro. É a que decorre da interpretação conforme a Constituição.

Para chegar a essa conclusão deve-se fazer a interpretação conjugada dos artigos 173, parágrafos primeiro e segundo, e 247 da Constituição Federal.

O parágrafo primeiro do artigo 173 já denota que as empresas públicas e as sociedades de economia mista explorarão atividades de caráter econômico e o disposto no parágrafo segundo desse artigo implica na impossibilidade de gozo, por esses entes, de privilégios não extensíveis aos entes do setor privado. Já o artigo 247 da Carta Magna, como muito bem decidiu o Ministro Marco Aurélio "sinaliza a conclusão sobre a necessária adoção do regime de cargo público relativamente aos servidores das agências reguladoras. Referese o preceito àqueles que desenvolvam atividades exclusivas de Estado, e a de fiscalização o é."

Se isso já não bastasse há, ainda, legislação infraconstitucional que trata a respeito do tema. A Lei 11.079/2004 (Lei da parceria público – privada), em seu artigo 4º, inciso III, dispõe que as funções de regulação, jurisdição, o exercício do poder de polícia e outras atividades exclusivas do Estado são indelegáveis. A lei não apenas classifica o poder de polícia e a função de regulação como atividades exclusivas do Estado como também petrifica o caráter indelegável dessas.

Soma-se a isso a jurisprudência consolidada pela Corte Suprema do país (ADIn 2.310 e ADIn 1.717) para concluir que não há outra hipótese se não a indelegabilidade do poder de polícia administrativa. Esse é o, correto, entendimento do STF, que, de acordo com a primeira manifestação do Ministro Luis Fux no Recurso Extraordinário nº. 662.186, muito provavelmente se manterá.

Referências Bibliográficas

- ______. Instituto Nacional de Estudos e Pesquisas Educacionais Anísio Teixeira (Inep).
- ______. Mudanças na configuração do Estado e sua influência na política educacional. In: PERONI, Vera Maria Vidal; BAZZO, Vera Lúcia; PEGORARO, Ludimar (Org.). Dilemas da educação brasileira em tempos de globalização neoliberal: entre o público e o privado. Porto Alegre: UFRGS, 2006.
- ______. O neoliberalismo: história e implicações. São Paulo: Loyola, 2005.
- ______. Política educacional e papel do Estado no Brasil dos anos 90. São Paulo: Xamã, 2003.
- ______; ADRIÃO, Theresa. O público não-estatal: estratégias para o setor educacional brasileiro. In.: ______; ______ (Org.). O público e o privado na educação: interfaces entre Estado e Sociedade. São Paulo: Xamã, 2005. p.137-154.
- ______; GARCIA, Theresa; BORGHI, Raquel Fontes. A aquisição de "Sistemas de Ensino" por municípios paulistas: privatizando a educação pública?. Rio Claro, 2009. Mimeo. 16 p.
- ______. Nonparametric estimation of average treatment effects under exogeneity: a review. **Review of Economics and Statistics**, v. 86, n. 1, p 4–29, 2004.
- ______. Sensitivity to exogeneity assumptions in program evaluation. **American Economic Review**, v. 93, n. 2, p. 126–132, 2003.

- __________. Identification and estimation of causal effects of multiple treatments under the conditional independence assumption. **Econometric Evaluation of Labour Market Policies,** Heidelberg, p. 1–18, 2001.
- __________. Assessing sensitivity to an unobserved binary covariate in an observational study with binary outcome. **Journal of the Royal Statistical Society,** Series B, v. 45, p. 212–218, 1983b.
- __________. **Identification for Prediction and Decision.** Princeton University Press, Princeton, 2008.
- __________. Identification of Endogenous Social Effects: The Reflection problem. **Review of Economic Studies**, v. 60, p 531-542, 1990.
- __________. Monotone Treatment Rsponse. **Econometrica**, v. 65, p. 1311-1334, 1997.
- __________. Nonparametric Bounds on Treatment Effects. **American Economic Review Papers and Proceedings**, v. 80, p. 319-323, 1990.
- AAKVIK, A. Bounding a matching estimator: the case of a Norwegian training program. **Oxford Bulletin of Economics and Statistics,** v. 63, n. 1, p. 115–143, 2001.
- ADRIÃO, Theresa. Sistemas apostilados de ensino e municípios paulistas: o avan- ço do setor privado sobre a política educacional local. In: SIMPÓSIO INTERNACIONAL: O ESTADO E AS POLÍTICAS

EDUCACIONAIS NO TEMPO PRESENTE, 5., 2008, Uberlândia. Anais... Uberlândia: UFU, 2008.

- ALTONJI, J. G.; ELDER T. E.; TABER C. R. Selection on Observed and Unobserved Variables: Assessing the Effectiveness of Catholic Schools. **Journal of Political Economy**, v. 113, n. 1, p. 151-184, 2005.

- **ANEXO**

- ANTUNES, Ricardo. Os sentidos do trabalho: ensaios sobre a afirmação e a nega- ção do trabalho. São Paulo: Boitempo, 1999.

- APRILE, M. R; BARONE, R. L. M. Educação superior: políticas públicas para inclusão social, Revista @mbienteeducação, São Paulo, v. 2, n.1, p. 39-55, jan./jul. 2009

- BARBOSA FILHO, F. H.; PESSÔA, S.. Retorno da Educação no Brasil. **Pesquisa e Planejamento Econômico**, v. 38, n.1, 2008.

- Barreyro, Gladys Beatriz. Mapa do Ensino Superior Privado / Gladys Beatriz Barreyro. – Brasília: Instituto Nacional de Estudos e Pesquisas Educacionais Anísio Teixeira, 2008. 77 p. : il. (Série Documental. Relatos de Pesquisa, ISSN 0140-6551 ; 37).

- BAUMAN, Z. Em busca da política. Rio de Janeiro. Ed. Zahar. 2000.

- BECKER, S.O.; CALIENDO, M. Sensitivity analysis for average treatment effect. **Stata Journal**, v. 7, n. 1, p. 71–83, 2007.

- BERNHEIM, Carlos Tünnermann e CHAUÍ, Marilena de Souza. Desáfios da universidade na sociedade do conhecimento: cinco anos depois da conferência mundial sobre educação superior. Brasília: Unesco, 2008. 44p. Ed.2004/WS/11.

- BEZERRA, Egle Pessoa. Parceria público-privada nos municípios de Brotas e Pirassununga: estratégias para a oferta do ensino? 2008. Dissertação (mestrado) – Instituto de Biociências, UNESP, São Paulo.
- BLUNDELL, R.; COSTA-DIAS, M. Alternative Approaches to Evaluation in Empirical Microeconomics. **Journal of Human Resources**, v. 44, n. 3, 2009.
- BLUNDELL, R.; DEARDEN, L.; SIANESI, B. Evaluating the impact of education on earnings in the UK: models, methods and results from the NCDS. **Journal of the Royal Statistical Society, Series A,** v. 168, n. 3, p. 473–512, 2005.
- BORGHI, Raquel Fontes; ADRIÃO, Theresa; ARELARO, Lisete. Creches conveniadas no Brasil e a tradição na relação público-privado: continuidades e rupturas. Rio Claro, 2009. Mimeo. 19 p.
- BRASIL, Lei 131 de 27 de maio de 2009. Lei da Transparência.
- BRASIL, Lei 9.135/95, Criação do Conselho Nacional de Educação.
- BRASIL, Lei nº 11.096 de 13 de janeiro de 2005. Lei do PROUNI – Programa Universidade para Todos.

- BRASIL, Prestação de Contas Ordinária Anual Relatório de Gestão Consolidado Ministério da Educação Exercício, 2014

- BRASIL. Lei nº 9.394, de 20 de dezembro de 1996. Estabelece as Diretrizes e Bases da Educação Nacional. Brasília, DO 23/12/1996.

- BRASIL. Ministério da Administração e Reforma do Estado (MARE). Plano Diretor da Reforma do Aparelho de Estado. Brasília, 1995.

- BRASIL. Ministério da Educação. SIPROUNI. Bolsas ofertadas por ano (2005 a 2012). Disponível em <http://prouniportal.mec.gov.br/ > Acesso em 28.nov. 2012.

- BRUNNER, J. Educación y Globalización. In: Educação Brasileira. Brasília, DF. 1997.

- CALIENDO, M.; HUJER, R.; THOMSEN, S. The employment effects of job creation schemes in Germany – a microeconometric evaluation. **IZA Discussion Paper,** Nº. 1512, 2007.

- CALIENDO, M.; KOPEINIG, S.. Some Practical Guidance for The Implementation of Propensity Score Matching. **Journal of Economic Surveys**, v. 22, p. 31–72, 2008.

- CAPES., Acesso em 01 fev. 2013. DURHAM, E. E SAMPAIO, H. O. O ensino superior em transformação. São Paulo: NUPES, 2001. DIAS, Sueli B. Inclusão no ensino superior. Artigo postado em 29 de Janeiro de 2010. GIL, Antônio Carlos. Como elaborar projetos de pesquisa. 5ª

Ed. – São Paulo: Atlas, .2010. IANNI, O. A sociedade global. Rio de Janeiro. Civilização Brasileira, 1996. IBGE. . Acesso em 25 fev. 2013. INEP. . Acesso em 03 mar. 2013. MEC.. Acesso em 20 mar. 2013 ------. SESU. . Acesso em 30 mar. 2013. NEVES, Clarissa Eckert Baeta, RAIZER, Leandro e FACHINETTO, Rochele F. Acesso, expansão e equidade na educação superior: novos desafios para a política educacional brasileira. Sociologias, Porto Alegre, ano 9, nº 17, jan/jun, 2007, p.124-157. Seminário ANDIFES – MEC (2010) – Projeções para o financiamento da expansão das Instituições Federais de Ensino Superior no contexto de um novo PNE 2011-2021. Severino, Antônio Joaquim. Metodologia do trabalho científico. 21. Ed. rev. e ampliada. – São Paulo: Cortez, 2000. UNESCO, Relatório Conciso: O imperativo da qualidade/Educação para todos. França: UNESCO, 200 ER, J. Educación y Globalización. In: Educação Brasileira. Brasília, DF. 1997.

- CAPES.<http.//www.capes.gov.br>, Acesso em 01 fev. 2013.
- Censo da educação superior: 2010 – resumo técnico. Brasília: Instituto Nacional de Estudos e Pesquisas Educacionais Anísio Teixeira, 2012a. Disponível em: <http://download.inep.gov.br/educacao_superior/c enso_superior/resumo_tecnico/resumo_tecnico_ce

nso_educacao_superior_2010.pdf>. Acesso em: 9 out. 2012

- CERQUEIRA, A. P. S. E. A. Ensino Superior: trajetória histórica e políticas recentes, Apostila de estrutura e funcionamento do ensino superior, 2015.

- CHESNAIS, François. A mundialização do capital. São Paulo: Xamã, 1996.

- COLEMAN, J.S.; HOFFER, T.; KILGORE, S.. **High School Achievement: Public, Catholic and Private Schools Compared**. Basic Books. 1982. Disponível em: http://www.questia.com/PM.qst?a=o&d=100282593. Acesso em: 21 out. 2010.

- COLLIS, J.; Hussey, R. Pesquisa em Administração: um guia prático para alunos de graduação e pós-graduação.

- Comparada. Publicações do INEP, 2007. Disponível em:

- CRUMP, R.; HOTZ V. J.; IMBENS G.; MITNIK, O. Dealing with Limited Overlap in Estimation of Average Treatment Effects. forthcoming **Biometrika**, 2008.

- CUNHA, L. A. (1981). "Escola particular x escola pública". Revista ANDE, São Paulo, vol. 1, n. 2, pp. 30-34.

- CURI, A. Z.; MENEZES-FILHO, N. A.. Determinantes dos Gastos com Educação no Brasil. **Pesquisa e Planejamento Econômico**, v. 40, n. 1, 2010.

- CURY, C. J. (1985). "O atual discurso dos protagonistas das redes de ensino". In: CUNHA, L. A. (org.). Escola pública, escola particular e a democratização do ensino. São Paulo, Cortez/Campinas, Autores Associados.
- CURY, Carlos Roberto Jamil. A Educação Básica no Brasil. Educação e Sociedade, Campinas, v. 23, n. 80, p. 168-200, set. 2002.
- DALE, Roger. A promoção do mercado educacional e a polarização da educação. Educação, Sociedade e Culturas, Portugal, Afrontamento, n. 12, p. 109-139, 1994.
- DEHEJIA, R.; WABBA, S. Causal Effects in Nonexperimental Studies: Reevaluating the Evaluation of Training Programs. **Journal of the American Statistical Association**, v. 94, p. 1053-1062, 1999.
- DI PIETRO, Maria Sylvia Zanella. Parcerias na administração pública. Concessão, permissão, franquia, terceirização e outras formas. 5. ed. São Paulo: Atlas, 2005.
- DIAS, Sueli B. Inclusão no ensino superior. Artigo postado em 29 de Janeiro de 2010.
- DOMICIANO, Cássia Alessandra. O programa 'bolsa-creche': um estudo comparativo dos municípios paulistas de Hortolândia e Piracicaba. Relatório de Pesquisa. UNESP, 2009.
- DRAIBE, S. (1989). "As políticas sociais brasileiras: diagnósticos e perspectivas". In: IPEA & IPLAN. Para a

década de 90: prioridades e perspectivas de políticas públicas. Brasília, IPEA/IPLAN.

- DURHAM, E. E SAMPAIO, H. O. O ensino superior em transformação. São Paulo: NUPES, 2001.

- EVANS, W.; SCHWAB R. M. Finishing High School and Starting College: Do Catholic Schools Make a Difference? **The Quarterly Journal of Economics**, v. 110, n. 4, p. 941-974, 1995.

- FRANÇA, M. T. A.; GONÇALVES, F. O.. Provisão pública e privada de educação fundamental: diferenças de qualidade medidas através de propensity score matching. **In: XXXVII Encontro Nacional de Economia – ANPEC**, 2009.

- G1 Educação. Fies ajuda a reduzir inadimplência, diz sindicato de faculdades particulares. Disponível em: < http://g1.globo.com/educacao/noticia/2013/07/fies-ajuda-reduzirinadimplencia-diz-sindicato-de-faculdades-particulares.html. Acesso em 30/07/2015>.

- GADOTTI, M. (1990). Uma só escola para todos: caminhos da autonomia escolar. Petrópolis, Vozes.

- GARCIA, Teise de Oliveira Guaranha; ADRIÃO, Theresa; BORGHI, Raquel Fontes. A Nova Gestão Pública e o contexto educacional brasileiro. In: CONGRESSO INTERNACIONAL CIDInE,1., 2009, Vila Nova de Gaia. Anais... Portugal: Universidade do Aveiro, jan. 2009.

- GIDDENS, Antony. A terceira via: reflexões sobre o impasse político atual e o futuro da social-democracia. Rio de Janeiro: Record, 2001.
- GIL, A. C. Como elaborar projetos de pesquisa. 4. ed. São Paulo: Atlas, 1999.
- GIL, Antônio Carlos. Como elaborar projetos de pesquisa. 5ª Ed. – São Paulo: Atlas, .2010.
- HANUSHEK, E; WOESSMANN, L.. The role of cognitive skills in economic development. **Journal of Economic Literature, v** 46, n.3, p. 607-668, 2008.
- HARVEY, David. Condição pós moderna. 4. ed. São Paulo: Loyola, 1989.
- HECKMAN, J.; ICHIMURA, H.; TODD, P. Matching as an econometric evaluation estimator. **Review of Economic Studies**, v. 65, n. 2, p. 261–294, 1998.
- HÖFLING, Eloísa de Mattos. Estado e Políticas (Públicas) Sociais. Cadernos Cedes. Políticas Públicas e Educação, n. 55, 2001.
- HOXBY, C. M. Does competition among public schools benefit students and taxpayers. **The American Economic Review**, v.90, n. 5, p. 1209-1238, 2000b.
- HOXBY, C. M. Do Private Schools Provide Competition for Public Schools? **NBER working paper**, no. 4978, 1994.
- HOXBY, C. M. The effects of class size on student achievement: new evidence from population variation. **Quarterly Journal of Economics**, v.116, p. 1239–1286, 2000a.

- http://www.chicagofed.org/digital_assets/publications/working_papers/2010/
- http://www.inep.gov.br/download/saeb/2005/SAEB1995_2005.pdf. Acesso em: 21 out. 2010.
- http://www.ufgd.edu.br/faed/nefope/publicacoes/pesquisa-motivos-da-evasao-escolar. Acesso em: 21 out. 2010.
- http:www.aeaweb.org/articles.php?doi=10.1257/jel.47.1.5 . Acesso em: 21 out. 2010.
- IANNI, O. A sociedade global. Rio de Janeiro. Civilização Brasileira, 1996. IBGE. <http://www.ibge.gov.br>. Acesso em 25 fev. 2013.
- ICHINO, A.; MEALLI, F.; NANNICINI, T. From temporary help jobs to permanentemployment: what can we learn from matching estimators and their sensitivity. **IZA Discussion Paper**, Bonn, No. 2149, 2006.
- IMBENS, G. The role of the propensity score in estimating dose–response functions. **Biometrika**, v. 87, n. 3, p. 706–710, 2000.
- IMBENS, J.; WOODRIDGE, J.. Recent Developments in the Econometrics of Program Evaluation. **Journal of Economic Literature**, v. 47, n. 1, p. 5–86, 2009. Disponível em:
- INEP. Primeiros Resultados: Médias de desempenho do SAEB/2005 em perspectiva

- INEP.http://www.inep.gov.br.www.edudatabrasil. inep.gov.br>. Acesso em 03 mar. 2013.
- JUNQUILHO, Gelson Silva. Reforma gerencial o "gerente caboclo" frente os desafios da reforma do Estado no Brasil. CONGRESO INTERNACIONL DEL CLAD SOBRE LA REFORMA DEL ESTADO Y DE LA ADMINISTRACION PÚBLICA, 7., 2002, Lisboa. Anais... Portugal, 2002. p.1-23.
- KHANDKER, S.; KOOLWAL, G.; SAMAD, H. Handbook on Impact Evaluation. **World Bank**, Washington DC, 2010.
- LECHENER, M. Earnings and employment effects of continuous off-the-job training in East Germany after unification. **Journal of Business Economic Statistics**, v. 17, n. 1, p. 74–90, 1999.
- LIMA, T. C. S; MIOTO, R. C. T. Procedimentos metodológicos na construção do conhecimento cientifico: a pesquisa bibliográfica. Rev. Katál. Florianópolis v. 10 n. esp. p. 37-45 2007
- MANSKI, C. Anatomy of the Selection Problem. **The Journal of Human Resource**, v. 24, p. 343-360, 1989.
- MANSKI, C.; PEPPER, J. V. Monotone Instrumental Variable: With an Aplication to the Returns to Schooling. **Econometrica,** v. 68, p. 997-1010, 2000.
- MARCUSE, Herbert. A ideologia da sociedade industrial: o homem unidimensional. Rio de Janeiro, Zahar, 1973.
- MEC.<http:// www.mec.gov.br>. Acesso em 20 mar. 2013 ------. SESU.

- <http://www.educaçãosuperior.inep.gov.br>. Acesso em 30 mar. 2013.
- MENDES, M. J. A Despesa Federal em Educação: 2004-2014. Brasília: Núcleo de Estudos e Pesquisas/CONLEG/Senado, abril/2015 (Boletim Legislativo nº 26, de 2015). Disponível em: www.senado.leg.br/estudos. Acesso em 30 de julho de 2015.
- MÉSZÁROS, István. Para além do Capital. São Paulo: Boitempo; Campinas: Unicamp, 2002.
- NANNICINI, T. A Simulation-Based Sensitivity Analysis for Matching Estimators. **The Stata Journal**, v. 7, n.3, p. 334-350, 2007.
- NERI, M. Motivos da Evasão Escolar no Brasil. Disponível em:
- NEVES, Clarissa Eckert Baeta, RAIZER, Leandro e FACHINETTO, Rochele F. Acesso, expansão e equidade na educação superior: novos desafios para a política educacional brasileira. Sociologias, Porto Alegre, ano 9, nº 17, jan/jun, 2007, p.124-157. Seminário ANDIFES – MEC (2010) – Projeções para o financiamento da expansão das Instituições Federais de Ensino Superior no contexto de um novo PNE 2011-2021.
- PERONI, Vera Maria Vidal. A relação público/privado e a gestão da educação em tempos de redefinição do papel do Estado. In: ADRIÃO, Theresa; PERONI, Vera Maria Vidal (Org.). Público e privado na educação:

novos elementos para o debate. São Paulo: Xamã, 2008.

- PINHEIRO, M. F. (1991). O público e o privado na educação brasileira: um conflito na Constituinte (1987-1988). Tese (Doutorado) – UnB, Brasília.
- REALE, M. Filosofia do direito. São Paulo: Saraiva, 1999.
- REGULES, Luís Eduardo Patrone. Terceiro Setor: regime jurídico das OSCIPs. São Paulo: Método, 2006.
- RIGGS, F. W. A ecologia da administração pública. Rio de Janeiro: Fundação Getúlio Vargas, 1964.
- ROSENBAUM, P.R. **Observational Studies**. Springer, New York, 2002.
- ROSENBAUM, P.R.; and RUBIN, D. The central role of the propensity score in observational studies for causal effects. **Biometrika**, v. 70, n. 1, p. 41–50, 1983a.
- SANTOS, T. S. dos. Do artesanato intelectual ao contexto virtual: ferramentas metodológicas para a pesquisa social. Sociologias, Porto Alegre, n. 22, p. 120-156, dez. 2009.
- SARAVIA, E; FERRAREZI, E. F. Políticas publicas: coletânea. Brasília, DF: ENAP, 2006.
- SECCHI, L. Políticas públicas: conceitos, esquemas e análises de casos práticos. São Paulo, Cengage Learning 2ª Ed. 2014.
- SENNA, Viviane. O Programa Acelera Brasil. Em aberto, Brasília, MEC/INEP, v. 17, n. 71, p. 145-148, 2000.

- SEVERINO, Antônio Joaquim. Metodologia do trabalho científico. 21. Ed. rev. e ampliada. – São Paulo: Cortez, 2000.
- SGUISSARDI, Valdemar. Modelo de Expansão da Educação Superior no Brasil : predominio Privado / mercantil e Desafios par a Regulação ea Formação Universitária . Educ. Soc. [online]. 2008, vol.29, n.105, pp 991-1022. ISSN 0101- 7330.
- SILVA, De Plácido. Vocabulário jurídico III e IV. Rio de Janeiro: Forense, 1990.
- SMITH, J.; TODD, P. Does matching overcome Lalonde's critique of nonexperimental estimators? **Journal of Econometrics**, v. 125, n. 1-2, p. 305-353, 2005.
- SOUZA, C. Políticas públicas: uma revisão da literatura. Sociologias, Porto Alegre, ano 8, n° 16, jul/dez 2006, p. 20-45
- Tabela A - Resultados para as *dummies* de estados da Regressão Logística.
- TABER, C.; FRENCH, E.. **Identification of Models of the Labor Market.** Federal Reserve Bank of Chicago, 2010. Disponível no site:
- TODD, P. Evaluating Social Programs with Endogenous Program Placement and Selection of the Treated. In: **Handbook of Development Economics**, v. 60, n. 4, p. 3847-389, 2008.

- UNESCO, Relatório Conciso: O imperativo da qualidade/Educação para todos. França: UNESCO, 2004.4.
- VANMETER, D.S.; VANHORN, C.E. The policy implementation process: a conceptual framework. Administration and Society, v. 6, n. 4, p. 445-488, 1975.
- WEBBINK, D. Causal Effects in Education. **Journal of Economic Surveys**, v. 19, p. 535–560, 2005.
- WEBBINK, D. Causal Effects in Education. **Journal of Economic Surveys**, v. 19, p. 535–560, 2005.
- ZOGHBI, A. C.; MENEZES, R. T; FELÍCIO, F.. Produtividade Relativa dos Setores Público e Privado em Educação: Impacto sobre a Escolha da Escola pela Família. **In: XXXVIII Encontro Nacional de Economia – ANPEC**, 2010.